图片：大卫·M.艾斯（David M. Ice）

图片：作者（Author）

▲ **吉隆坡单轨交通**　单轨交通在地面交通的上方，运送起乘客来更加快速、清洁、安全

单轨交通
——单轨列车正向我们驶来

MONORAILS
Trains of the Future-Now Arriving

吉姆·A.佩德森　著
（Kim A. Pedersen）
魏振文　朱尔玉　译

中车南京浦镇车辆有限公司　组编
青岛德固特轨道装备有限公司

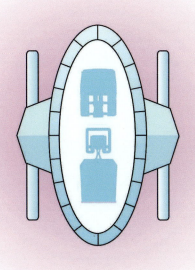

北京交通大学出版社
·北京·

3

特别奉献

衷心感谢我的妻子——卡罗尔（Carol）
对我生活中的诸多冒险和工作中不同寻常的激情，她表现出宽容和理解。

致谢

唐纳德（Donald）和洛丽·巴拉德（Lorrie Ballard）：出版指导；

卡洛斯·班吉克（Carlos Banchik）：单轨工程介绍；

格伦·巴尼(Glenn Barney)：阿尔维格式列车与玩具列车介绍；

迈克·楚（Mike Chew）：藏品介绍。

哈丽雅特·V. 科曼斯（Harriet V. Commons）：DTP技术提升；

希瑟·M. 戴维（Heather M. David）：出版指导；

塞尔温·埃迪三世（Selwyn Eddy Ⅲ）：我的第一位单轨支持者朋友；

迪克·法尔肯布里（Dick Falkenbury）：基层民众中的单轨拥护者；

詹姆斯·霍尔卡（James Horecka）：单轨结构介绍；

大卫·M. 艾斯（David M. Ice）：带着相机旅行；

托马斯·A. 加维克（Thomas A. Jovick）：罗伯茨作品的收集和保存；

莱因哈德·科里石尔（Reinhard Krischer）：阿尔维格的历史和遗产介绍；

兰迪·兰伯特斯（Randy Lambertus）：AMF/ 赛飞机研究；

艾伦·F. 莱福德（Ellen F. Lyford）：提供了她祖父关于悬挂式单轨交通的收藏；

保罗·M. 纽伊特（Paul M. Newitt）：理念、设计与热情；

拉塞尔·诺亚（Russell Noe）：阿尔维格式列车维护；

艾伯特·G. 奈米尔（Albert G. Nymeyer）：工程师 /单轨交通专家；

卡罗尔·E. 佩德森（Carol E. Pedersen）：卡罗尔是位圣人；

科丽（Kory）和斯凯勒·佩德森（Skyler Pedersen）：在父亲的奇怪世界中成长；

小乔治·D. 罗伯茨（George D. Roberts Jr.）：介绍了他父亲的故事和收藏；

戴尔·O. 塞缪尔森（Dale O. Samuelson）：文字工作；

约书亚·C. 希尔兹（Joshua C. Shields）：西雅图的知识 / 历史介绍；

小大卫·B. 西蒙斯（David B. Simons Jr.）：WDW 的知识 / 历史介绍；

克里斯汀（Christine）和理查德·斯帕克斯（Richard Sparks）：对图片进行文字描述；

卢克·施塔肯堡（Luke Starkenburg）：带着相机旅行；

史蒂文·斯图尔特（Steven Stuart）：改变生活的 1 987 条格言；

基思·沃尔斯（Keith Walls）：技术宣传；

T.W. 威斯顿（T.W. Weston）：得克萨斯历史知识介绍；

泰瑞 - 林恩·惠勒（Teri-Lynn Wheeler）：介绍蓝色的 Mark Ⅴ系单轨列车。

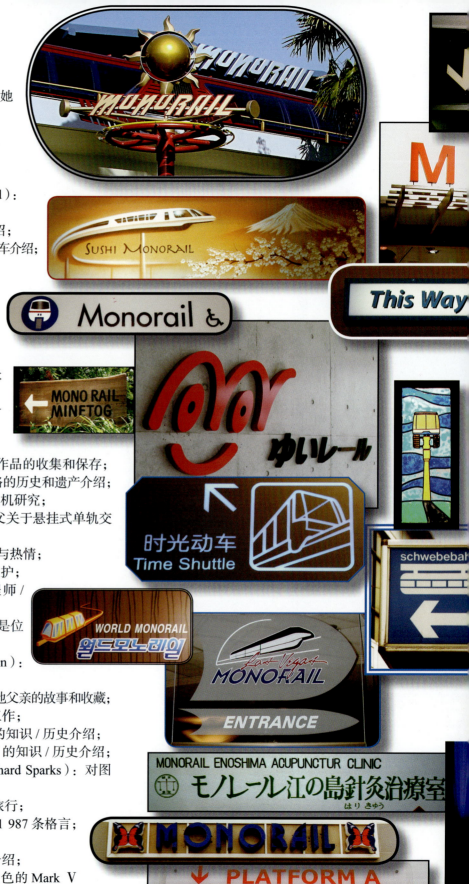

目 录

图片：作者（Author）

序 一

飞翔在城市上空的彩虹

单轨，这个诞生在 100 多年前的古老的交通系统，一直以来扮演着默默无闻的角色。我国城市轨道交通自 1965 年开始建设第一条地铁线路以来，截至 2016 年年底已建成城市轨道交通超过 3 300 km，居世界首位，这其中单轨交通却仅有重庆的 2 号线和 3 号线两条线路。

伴随着城镇化的不断发展，我国城市轨道交通建设的新的发展特征已逐渐体现：建设主体正从特大城市、大城市逐步扩大到中等规模城市；大城市内部的轨道交通建设也正从骨干线路建设逐步扩大到辅助加密线、接驳线及市域线的建设；建设方式正由以建设地铁为主逐步过渡到地铁、轻轨、单轨、旅客捷运系统、现代有轨电车、市域快轨等多种制式协调发展；系统运量方面也正由大运量逐步过渡到大运量、中运量和低运量统筹发展；新兴业主更关注轨道交通系统的经济性。从需求环境、推广时机角度而言，单轨等中等运量系统的发展迎来了前所未有的好时机。

单轨，采用胶轮走行系统，在噪声、振动方面优势明显，同时结合现代轨道交通的无人驾驶、永磁直驱、轻量化、智能维保等技术，使得单轨系统在全寿命周期成本、安全可靠性等方面同样具有优势。近年来，单轨越来越被大众所熟知，在中等运量系统中也更受用户青睐。

本书是由吉姆·A.佩德森先生编著的一本科普书，通过画册的形式，通俗易懂、生动活泼、实事求是地向大家介绍了世界单轨系统的起源、发展历史、建造过程及未来趋势，能够满足不同行业、不同年龄层的人士了解单轨系统的需要。希望这本书的出版能够在推动我国单轨技术发展与产业应用方面带来积极的影响。

单轨的前景很美好，发展的道路很漫长。在技术发展和产业应用的同时，还要同步维护好单轨推广的良好环境和秩序。

让我们共赴这彩虹的约定！

李定南

中车南京浦镇车辆有限公司　总经理

序 二

　　作为国际单轨协会主席，我很荣幸能够接受青岛德固特轨道装备有限公司的邀请，代表国际单轨协会执行委员会，向中国的读者分享一下我的心声。

　　我与单轨交通的缘分起源于1994年，那年我参与了美国内华达州拉斯韦加斯单轨交通项目的工程设计与施工。谁能料想到，从那时起我陆续参与了许多单轨交通项目。我对单轨交通的敬畏源于两点：第一，单轨交通集工程设计、生产制造、建造施工等众多技术于一体，囊括材料、土木、结构、机械、电力、通信等诸多专业；第二，单轨交通给乘客们带来极大便利与愉快体验。

　　单轨是最自然的城市交通方式。在所有公共交通方式中，它尤其显得简洁而优雅——车轮宽于轨道梁，安静地行驶于空中，与周边景色融为一体；车辆可以悬挂于梁下，也可以骑跨于梁上，更可以悬浮于梁上；它能够适应小弯曲半径和大坡度；全自动化的无人驾驶技术使其更高效、可靠。

　　对于本书的作者 Kim A. Pedersen，一个将生命奉献给单轨交通行业的伟大人物，我实在无法用语言来评价他。创建单轨协会及其官方网站，考察世界各地的单轨交通项目，分享单轨交通行业信息，为单轨交通行业献策献计——这一切使得 Kim A. Pedersen 赫赫有名。他凭借自己对单轨交通行业数十年的记录、研究所积累的丰厚知识，完成了这一著作。书中的文字真诚朴素，图片完整真实。我非常自豪地告诉大家，我曾在世界各个角落听到过对这本单轨"圣经"的称赞。

　　最后，我要向青岛德固特轨道装备有限公司董事长魏振文先生表达我的感激，正是由于魏先生的努力才使这本书能够在中国顺利出版，魏先生希望将自己对单轨交通的热情通过这本书分享给全中国的读者们。同时，我希望这本书能够对中国的单轨交通发展提供帮助。

卡洛斯·班吉克

（Carlos Banchik）

国际单轨协会

于拉斯韦加斯

图片：作者（Author）

图片：作者（Author）

序 三

我最喜欢的商业教练，质量专家汤姆·彼得斯（Tom Peters），喜欢引用著名的管理学大师彼得·德鲁克（Peter Drucker）的话："当您无论什么时候去做任何一件事，只要坚持，那这件事一定能做成，一个负有使命感的狂热徒使我学会了这一点。"梅里安姆-韦伯斯特（Merriam-Webster）将狂热定义为精神疾病，但是我更加喜欢维基百科全书对狂热的描述："某种形式的偏执是心智健全的人对某单一事务的病态性关注。"

我最喜欢的狂热徒是一位单轨交通爱好者。在过去的 25 年间，佩德森（Pedersen）先生这种心智健全的人，专注于向世界展示单轨交通不仅仅是主题公园的一种交通工具。在我认识他的 35 年里，我逐渐相信这个社会确实需要一类能将全部注意力都集中于同一问题的人，去持续挑战那些为单轨交通发展制造麻烦的人，即那些为现代城市推广不合适的交通系统（例如轻轨）的人。

单轨交通经常被称为新颖的交通工具，尽管事实上单轨交通已经在长达 140 年的时间里以奇妙的方式为世界博览会、动物园和游乐场数十亿的乘客提供了空中游览，而且自从 1901 年起，城市单轨交通已经在德国正常运营了——这也是事实。当沃尔特·迪士尼（Walt Disney）在他的主题公园与迪士尼乐园酒店之间设计供乘客往返的单轨交通工具时，尽管许许多多的工程师、设计师、建造师付出了巨大努力，但是现代单轨交通的种子仍然直到 60 年后才发芽。在西雅图单轨交通服务 1962 年世界博览会之后，日本也开始发展单轨交通。对单轨可行性的质疑者不妨看看东京单轨交通的历史。在日本单轨运行的 50 年间，它来往于 11 个车站，以每周超过一百万的乘客的运力输送了超过 17.5 亿的乘客。

从那以后，单轨交通运输系统在世界范围内陆续修建，以每年一条线的速度，正在不断地验证和完善着单轨修建技术。没有人会比吉姆·A. 佩德森（Kim A. Pedersen）更有资格来讲述这段历史。因为这 25 年间，他建立的单轨协会通过信息交流在单轨发展方面发挥了重要作用。

在写这篇文章时，我意识到挑战不是写些什么，而是如何简明并满怀诗意地描述关于单轨交通和作者对它的激情。我对那些能够简洁地总结一个复杂主题的作者十分钦佩，所以当我阅读了迪克·法尔肯布里（Dick Falkenbury）关于推广西雅图单轨交通原因的总结时，这句话使我印象深刻："单轨交通是十分安全、高效、经济的，它可以零事故、快速地输送乘客；它可以创造财富；它将不需要纳税人的补贴，是公共交通的主要支撑；它不会干扰其他交通，同时也是无污染和清洁的；乘客穿空而过。"

2004 年，我们终于在美国建成了这样一个系统。拉斯韦加斯单轨是私人出资建造的，在一个繁忙交通走廊上方穿行，不需要拆除车道，而且通过乘客就能带来足够的收入以支付其运营费用。尽情想象吧！

在我开车的 45 年里，我已经行驶了 100 多万英里（1 英里≈1.609 344 千米），通常是在南加州高速公路上行驶。这些年来，我一直有一个梦想：在现有洛杉矶地区高速公路巨网的中间，建起了单轨系统，当我在高速公路上开车时，抬头就能看到迪士尼风格的单轨列车在上下起伏的轨道上飞驰而过。单轨系统完全不受地面交通影响，而且其运行速度日复一日地始终比地面的小汽车还快。有什么比这样的场景更能吸引人们走出小汽车而改乘单轨呢？现在，我有一个预感，单轨就是未来的交通方式！

戴尔·O. 塞缪尔森（Dale O. Samuelson）

于美国游乐园

引 言

当人们谈起单轨交通时，首先提到的通常会是迪士尼的单轨列车。事实上，我对单轨交通的认识源于沃尔特·迪士尼 (Walt Disney)。在 1959 年的一期特别的实况转播电视节目"1959 年的迪士尼乐园"中，沃尔特·迪士尼极力提倡那时新建仅四年的主题公园的大型扩张，并展示了一个名为迪士尼乐园 - 阿尔维格单轨系统的壮观效果图。从那时起，我年轻的心就被他这伟大的鼓动能力所俘获。作为一个已经迷上了单轨交通的年轻男孩，我深切地感受到这种奇怪的来自巴克·罗杰斯（Buck Rogers）灵感的运行在狭窄梁上的装置是神奇的，而且大多数人从来没有见过类似的东西。在接下来的几年里，沃尔特叔叔不断地向他的电视观众表明：有朝一日，这些列车会在很多城市的上空运送乘客，他称之为"空中的高速公路"。我相信他是对的，并期待着这一天。而当阿尔维格单轨列车出现在 1962 年西雅图名为"21 世纪世界博览会"的世博会开幕式上时，进一步地表明了单轨无处不在。

到 1987 年，虽然在世界许多地方建立了不同形式的交通运输系统，但我对单轨交通的兴趣却从未减弱。在一次闲谈中，一位熟人指出，巨大的财务被浪费在洛杉矶地铁系统中，数十亿美元只用于短距离交通运输。他说："他们花了数十亿美元修建了几英里的昂贵地铁，他们本来可以用这些钱建造覆盖整个洛杉矶地区的单轨交通线。"这一句话戏剧性地改变了我的生活，我问我自己："单轨交通曾经发生了什么？单轨交通的未来是什么？"我决定一探究竟。

1988 年，我对这个课题进行了调查，很惊奇地发现，一些地区确实正在建设用于运输的单轨交通。但不知什么原因，美国和欧洲却很少建造单轨交通。我看到圣迭戈有轨电车首次亮相之后，轻轨系统在美国开始十分流行，但是对我来讲它们并没有单轨交通的优势。有轨电车在交通上似乎更加落后了一步。我想或许可以建立一个组织来让单轨交通运输受到更多的关注。1989 年 1 月 1 日，单轨协会成立了。

我建立了单轨协会，希望可以找到其他志同道合的爱好者。至少，可以彼此分享我们热爱的事物。我们出版了一份季刊，重点关注世界范围内轨道交通的发展，并突出

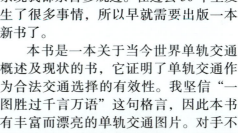

照片：
卡洛尔·佩德森
(Carol Pedersen)

了单轨交通的优势。这份季刊虽然很受欢迎，但是由于时效性的限制，刊物到达新成员手中需要一定的时间，并且创作是耗费时间的，因此到发布时这份季刊的内容可能就过时了。由于这些原因，1997 年，单轨协会网站（monorails.org）首次亮相。几乎一夜之间，我们的会员从数百名增到了几千名。询问者的身份也发生了一个戏剧性的转变。之前，电子邮件主要来自于爱好者和单轨专家（正如一位新闻工作者适时与我们联系）。随着几乎所有人都可以通过计算机访问这个网站，来自于官员和推销商的询问开始出现，这些官员和推销商对单轨交通在他们辖区的发展或者在公司发展中的作用很感兴趣。我可以很自豪地说："在过去的 25 年里，单轨协会已经在世界范围内对单轨交通的发展发挥了作用，因为单轨系统已经通过从我们网站获得的信息而发展起来了。"

为什么要写这本书呢？上一本精装的单轨交通概述类书籍是德里克·G. T. 哈维（Derek G.T. Harvey）在 1965 年出版的亮橙色的单轨交通书籍。它主要是面向学龄读者，在我年轻的时候这可是一部单轨交通方面的"圣经"，后来它帮助我找到了单轨系统，其中许多单轨系统我都亲自参观过。在过去 50 年里发生了很多事情，所以早就需要出版一本新书了。

本书是一本关于当今世界单轨交通概述及现状的书，它证明了单轨交通作为合法交通选择的有效性。我坚信"一图胜过千言万语"这句格言，因此本书有丰富而漂亮的单轨交通图片。对手不再否认存在成功的单轨交通。正如我们从单轨协会网站中所体验到的，从不同系统的知识中获得的信息可以让交通规划者做出更明智的决定。同时我希望本书能成为那些迷上列车的年轻人，在单轨交通方面的"圣经"。也许这本书会激发他们的热情，就像很多年前那本亮橙色的书对我的影响一样。

吉姆·A. 佩德森
Kim A. Pedersen
于加利福尼亚州弗里蒙特
（Fremont, California）

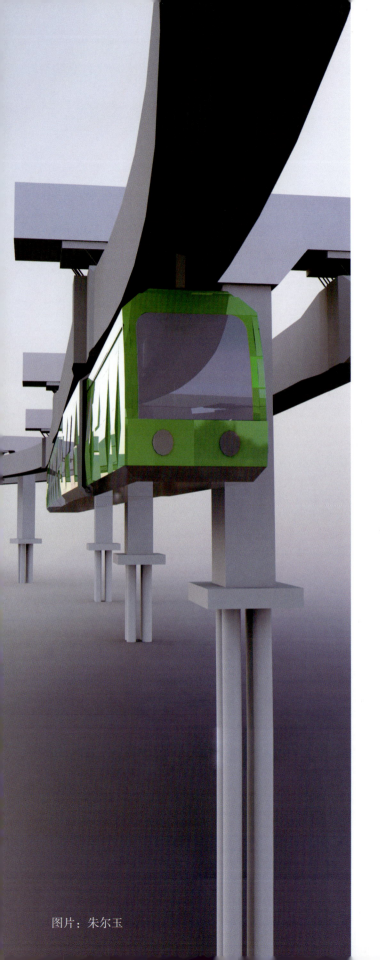

图片：朱尔玉

译者简介（一）

魏振文，1965 年生，高级工程师，同济大学硕士，德国曼海姆大学 EMBA，现任中美合资青岛德固特轨道装备有限公司董事长。魏先生与长期为庞巴迪提供技术支持的美国伊诺华（Innova）公司合作，在美国、巴西、埃及、泰国及中国等地多次提供轨道梁设计、制造及安装服务。魏先生拥有 6 项发明及 6 项实用新型专利。

译者简介（二）

朱尔玉，男，工学博士，博士后，教授，博士生导师，国际单轨协会 2017 年会副主席，从 2000 年起就参与国内跨座式单轨交通第一条线路的科研和专家咨询工作，现任北京交通大学土木建筑工程学院跨座式单轨交通研发中心主任，国家重点学科——桥梁与隧道工程专业三级教授，指导已毕业硕士研究生 88 名、博士研究生 8 名，公开发表学术论文 130 多篇，主编或参编学术著作 7 部，获得省部级科技进步特等奖 1 项、二等奖 3 项、三等奖 3 项，已申报以单轨交通为主的专利 200 多项，已获得专利授权 60 项。

2010 年，朱尔玉教授以中国专家的身份进行了韩国大邱单轨交通的现场技术咨询，并负责开发了韩国大邱单轨工程 3 号线 PSC 轨道梁制造控制软件，使我国的跨座式单轨技术真正走出了国门。

▲ 德国杜塞尔多夫悬挂式单轨交通

图片：作者（Author）

▲ 米高梅—巴利（MGM–Bally）的单轨列车　在扩建之前，拉斯韦加斯单轨列车只是一个时尚的两站班车

▶ 木制单轨交通　明信片中展示了路易斯安那州博加卢萨（Bogalusa, Louisiana）的一条用木材承载的工业单轨

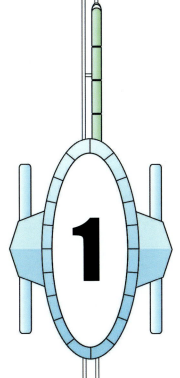

基础知识

什么是单轨交通？怎样认识单轨交通？

在探索人们对单轨交通的看法之前，最好澄清一下单轨交通的概念。单轨协会，世界上关于这个主题的权威组织，定义单轨交通如下：

单轨交通　单轨交通中的轨道梁是客运或货运车辆的轨道。在大多数情况下，轨道是被高架起来的，但是单轨交通也可以运行在上坡道、下坡道或者隧道中。车辆悬挂在轨道梁下，或者跨坐在轨道梁上。单轨交通车辆比支撑它们的轨道更宽。

单轨交通

由于广泛存在的对单轨交通是什么或者不是什么的误解，这里用一些例子来说明单轨不同结构形式间的差异。下面的图片比较了最常见的单轨交通形式，并给出了与其对应的单轨图片。所有的图片都清楚地表明单轨交通的一个主要优势是：轨道梁比车辆更窄；轨道梁既是承载梁，又是轨道。

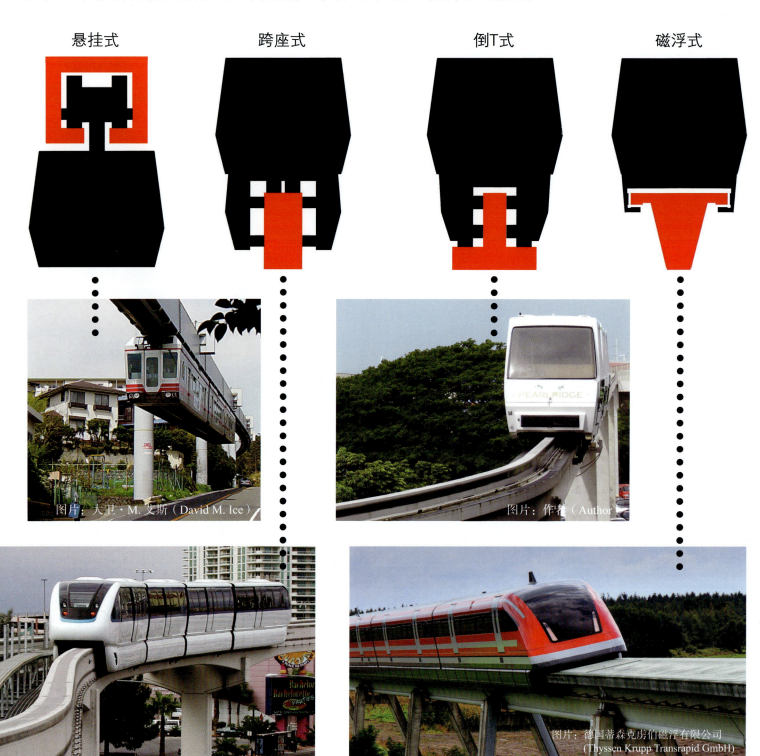

悬挂式　　　　跨座式　　　　倒T式　　　　磁浮式

图片：大卫·M. 艾斯（David M. Ice）

图片：作者（Author）

图片：作者（Author）

图片：德国蒂森克虏伯磁浮有限公司（Thyssen Krupp Transrapid GmbH）

非单轨交通

　　将非单轨交通系统错认成单轨交通系统主要来自于以下观念：任何曲线形的和 / 或高架的轨道交通都是单轨交通。不是这样的！因为被错认的非单轨交通系统具有比列车更宽的轨道系统，并且具有两条钢轨道，故超出了单轨交通定义的范围。

高架传统铁路

从远处看，您可能会被地铁列车的外形所欺骗，但接近后您会发现它比单轨交通系统更复杂，并且具有两条钢轨。

图片：作者（Author）

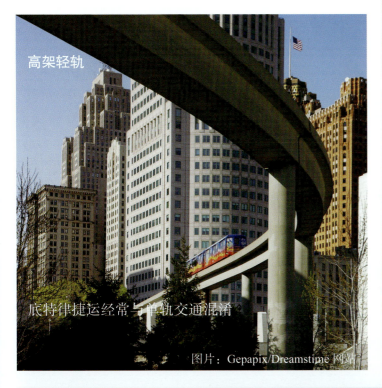

高架轻轨

底特律捷运经常与单轨交通混淆

图片：Gepapix/Dreamstime 网站

U 型轨道磁浮

与普通磁浮列车绕着轨道梁运行不同，这种磁浮有一个更大的槽形轨道。

图片：日本中央铁路公司（JR Central）

自动导轨交通系统（AGT）

许多机场的乘客接驳工具被误认为是单轨交通，但从本质上讲它们是大轨道上的自动导向巴士。

图片：作者（Author）

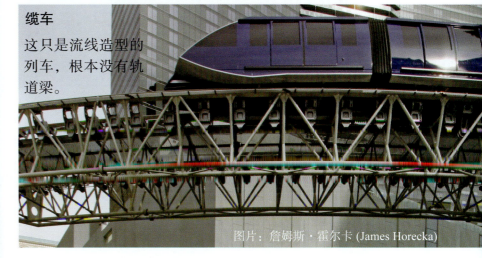

缆车

这只是流线造型的列车，根本没有轨道梁。

图片：詹姆斯·霍尔卡 (James Horecka)

工业上的单轨

单轨是无处不在的，这可能会让许多人感到惊讶。既然本书的重点是单轨交通，那么我们不得不指出这样一个事实：世界上有成千上万的单轨被我们忽视，它们运输的是物品，而不是旅客，虽然它们的确是单轨，但却很难和"单轨"这个词联系起来。自工业革命开始以来，工业上就使用了单轨。例如，单轨把衣物输送到干洗店的前台，单轨沿着工厂的装配线传递零部件或产品，甚至在围绕着医院病床的滑动窗帘中使用的也是单轨。

为什么有这么多的单轨呢？这是由于单轨设计简单，安装方便，并且能提供惊人的运输能力。大多数工业单轨是悬挂式的，例如把载重车辆悬挂在简单的工字梁单轨下面，但是也有大量的工业单轨是跨座式的，跨座式单轨的货运车辆跨坐在轨道梁的上面。最大的单轨是印度尼西亚最近发展起来的集装箱单轨。

图片：作者（Author）

▲ 工字梁单轨可以移动任何东西，包括大黄蜂号航母上的鱼雷

▼ 各种形状和尺寸的悬挂式单轨输送机

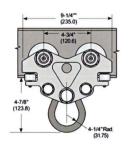
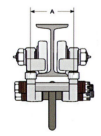

图片：杰维斯·B. 韦布公司（Jervis B. Webb Company）

图片：蒂姆·埃德蒙兹（Tim Edmonds）

▲ 英国道路机械有限公司使用便携式工业单轨运载各种物品。图中这个修复后的单轨车辆被保存在英国安伯利博物馆中，能正常使用

▲ 印度尼西亚工人沿着一条简陋的地面轨道运送木材的历史照片

▼ 21世纪印度尼西亚开发的自动化集装箱运输车原型

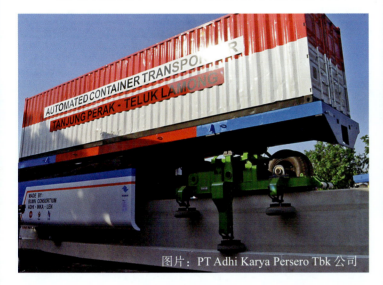

图片：PT Adhi Karya Persero Tbk 公司

图片：MD-MAX, s.r.o.

▲ 在全球范围内，工业上常用单轨运输重物

▶ 汽车零部件沿着装配线移动，也构成自动单轨系统

▼ 医院隐私窗帘中的单轨

图片：作者（Author）

图片：Klass Teknofabs

新颖的单轨交通

当工业单轨遍布各地时，客运单轨交通也开始点缀我们这个星球，客运单轨交通绝大多数是在娱乐场馆运输游客的。早在19世纪，单轨交通就安装在游乐园了。那段历史让人认为单轨在未来主义的流行文化中将占据一席之地，但传统的双线轨道客运系统很快就流行起来了，并实现了标准化，大部分单轨交通系统仍然只在博览会和展销会上使用。

在20世纪50年代，单轨技术有了很大的进步。阿尔维格式（Alweg）和赛飞机式（Safege）单轨交通的发展提高了单轨交通系统的运营效益。因为它们对普通公众来说仍然是一个新奇的事物，所以在展销会、动物园、游乐园、主题公园等娱乐场所，游客对乘坐单轨交通这种独特体验展现出前所未有的热情。

后来又研发出了一种被称为迷你轨道的单轨新品，"迷你"解释了这一切。它们是小型新奇的游乐设施，虽然这种游乐设施是经济实惠、游客负担得起的小型娱乐项目，但它们仍然提供了模拟低空飞行的畅快体验。

在游乐园、展销会和动物园有如此多单轨交通，表示公众已经认可了单轨交通。即使批评者荒谬地声称"单轨列车一直都是并将永远都是属于未来的交通"，也丝毫改变不了公众已认可了单轨交通这个事实。不论批评者的口号如何朗朗上口，都无法阻止越来越多的单轨交通正逐渐成功地开通。

▲ 1955年，这辆在汉堡博览会上使用的单轨交通过山车的灵感来自德国阿尔维格的测试轨道

◀ 新奇的单轨交通明信片

图片：MOHAI/ 西雅图邮报收集（Seattle Post-Intelligencer Collection）

▲ 猫王（Elvis Presley）1962 年拍摄《它发生在世界博览会上》期间，在西雅图红色列车上修剪指甲

流行文化中的单轨交通：电影和电视

单轨支持者在修建单轨交通时面临着巨大的挑战，但是在电影、书籍或电视中引入单轨交通却并非难事。尽管单轨交通已经存在了一个多世纪，但是在科幻小说和电影/电视中仍将单轨交通作为一种未来世界的象征。

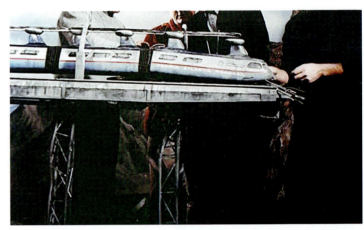

▲ 20 世纪 60 年代英国木偶电视连续剧《雷鸟》使用了单轨交通模型，图中工作人员正在对单轨列车作坠毁处理

图片：美国艺术家（United Artists）

◀ 在《007 之雷霆谷》中，邪恶的安东尼·斯塔夫罗·布洛费尔德（Ernst Stavro Blofeld）〔唐纳德·普莱森斯（Donald Pleasence）饰〕的火山内部设施使用了低高度单轨

▼ 詹姆斯·邦德（James Bond）〔肖恩·康纳利（Sean Connery）饰〕在最后的战斗场景中紧抓单轨。该单轨由工业单轨建设者道路机械有限公司（Rood Machines Ltd.）建造

图片：美国艺术家（United Artists）

在 1966 年弗朗索瓦·特吕弗（Francois Truffaut）执导的电影《华氏 451》中，朱莉·克里斯蒂（Julie Christie）和奥斯卡·沃纳（Oskar Werner）在赛飞机式单轨的测试轨道下散步

图片：1966 葡萄园电影有限公司（1966 Vineyard Films, Ltd.）

高度虚构的关于 2012 年西雅图政治的电影《草根》，从头到尾一直在吹捧单轨的优势

图片：MRB 制作（MRB Productions）

图片：20 世纪福克斯公司（20th Century Fox）

柯南·奥布莱恩（Conan O'Brien）编写的电视剧《辛普森一家》中"玛姬（Marge）与单轨"一集，滑稽吗？是的，但不幸的是有些人实际上是根据卡通片的情节来判断单轨好坏的

在特制的加长珍藏版《阿凡达》DVD 中出现了悬挂式单轨。

图片：20 世纪福克斯公司（20th Century Fox）

流行文化中的单轨交通：广告

公众喜欢单轨交通，并且广告公司已经想到了这一点。单轨交通充满未来感的造型吸引了人们的注意力，而吸引注意力对广告来说是非常重要的。奇怪的是，这些包含单轨交通的平面广告大多用来销售与单轨交通完全无关的东西。显然，单轨交通有助于销售一切商品，从威士忌到计算器。

尽管有人将单轨交通看作是一种有趣的骑乘娱乐设施，但是迪士尼单轨交通证明了它在交通方面的优势。

图片：作者（Author）

单轨无处不在。单轨在工业界以数千种形式存在，但未被注意到。通常获得关注的是在动物园、游乐园和博览会中出现的新奇的单轨交通。单轨在交通中应用的真正潜力往往被忽视，主要是因为它们在游乐园中给人留下了"娱乐设施"的形象。本章以一张著名的主题公园和世界博览会单轨的图片作为结尾，尽管它们都可以被归类到所谓的"仅供娱乐"的范畴。具有讽刺意味的是，这些单轨交通系统正在不断树立"单轨不只是一种供骑乘的游乐设施"的形象，而且在单轨交通出现后50多年的实践中已经证明了这一点。

迪士尼乐园阿尔维格式单轨交通系统（the Disneyland Alweg monorail system）和西雅图21世纪世界博览会单轨交通系统（the Seattle Century 21 World's Fair Monorail）的建成，已成功地展示了单轨交通惊人的能力，但并不是每个人都意识到了这一点。西雅图单轨交通系统的逆向工程，促成了马来西亚吉隆坡单轨交通系统（Kuala Lumpur Monorail）和印度孟买单轨交通系统（Mumbai Monorail），将来还会有更多类似的单轨交通系统出现，现在单轨交通系统正在井喷式地增长。事实上，单轨交通系统越建越多，以至于数量庞大而不能被忽视。本书旨在介绍现有的单轨交通系统和将来新的单轨交通系统。但是在开始学习之前，我们首先应明确单轨交通的优点是什么。

曾经拍到的最有标志性的单轨交通照片之一，这个在西雅图21世纪世界博览会上拍摄的阿尔维格式单轨交通场景被用作1962年《生活》杂志的封面。

图片：拉尔夫·克兰（Ralph Crane）

图片：IC 传媒（ImagineChina）

▲ **重庆单轨交通** 在绿树掩映中的单轨交通，车辆也是绿色的

▶ **湘南单轨交通** 红灯及地面交通不会影响单轨交通的运营

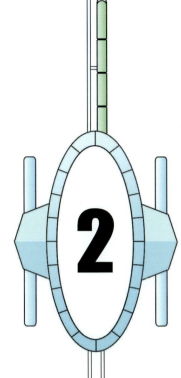

2

为什么不用单轨交通呢？

优势及论点

图片：作者（Author）

随着世界各地交通问题的增加，对缓解交通拥堵最佳方式的争论也在继续。虽然有许多候选方案，但是并没有哪种模式能适用所有情况，而且单轨交通通常是完全被排除在外的。本章将揭示一些有趣的事实，引人深思。

图片：Eagleflying 摄影公司 / Dreamstime 网站

问题与解决方案

交通问题是当今社会中每天都要面对的问题。为了满足日益增长的出行需求，需要对我们所钟爱的出行方式进行投资。为了应对这一挑战，人们提出并实施了能满足各种出行需求的解决方案。然而，由于在第 1 章中提到的原因，单轨交通这个解决方案经常被完全忽视。

单轨交通是经过验证的：每天都有成千上万的乘客乘坐单轨列车出行。世界上的大多数单轨线路都在日本，其中八条是全尺寸的城市交通系统，其余的单轨线路存在于世界的各个角落。大量的单轨不是正在规划就是正在建设中（参见附录 A）。

单轨交通可以被快速建造，它使用的是公共道路上部空间，不会干扰路面车辆交通或者行人。大多数单轨交通使用橡胶轮胎，几乎没有噪声或震动。

单轨交通是一个很好的载客工具，同时也非常环保。例如，2013 年，拉斯韦加斯单轨交通（the Las Vegas Monorail）帮助内华达州南部（Southern Nevada）的主要道路在一年里减少了 190 万英里（1 英里 =1.609344 千米）的车辆里程，在这一年中至少减少了 24 t 的一氧化碳（CO）、挥发性有机化合物（VOC）和氮氧化物（NO_x）的排放量。所有这一切都是由于修建了一条长度仅 6.3 km 的单轨交通系统引起的。由于单轨交通具有上述优点，所以大量建设单轨交通会使社会产生非常巨大的效益。

绘图：阿尔维格 (Alweg)/ 作者 (Author)

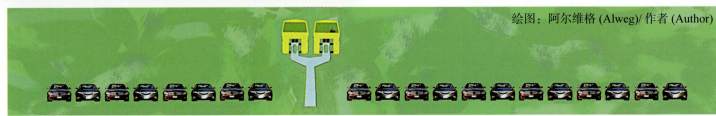

一个典型的单轨系统，虽然地表宽度不足 2 m，但却能在交通高峰期发挥相当于多车道高速公路的作用。

高速

公共交通官员负责说服市民乔 (Joe Citizen) 离开他的汽车进入公共汽车或轻轨列车之中。让乔心动的一个最大的诱惑是，公共交通能够让乔到他的目的地与他开车一样快或者比他开车更快。有可能吗？如果公共交通与个人交通位于同一街道地面空间，答案是否定的。在这种情况下，乘坐公共汽车或者轻轨所用时间可能是开车的两倍，那公共交通就没有任何吸引力了。但是从另一方面来说，如果采用立体交通，乔能够更快地到达市区或者其他地方的机会将大多了。除了单轨交通之外，还有其他的立体交通形式，例如地铁，但其建造时间要长得多，而且其建造和运营成本要高得多。地铁也不能使乘客观赏沿途的风景。此外，当单轨列车驶过时，乘客可以看到正在超越的地面交通的状况，乘客可以立即对二者进行比较，得出"我们行驶得要比自己开车更快"的结论。大多数橡胶轮胎单轨交通行驶速度高达 89 km/h，这对于站间距离只有 1～2 km 的单轨交通来说是很快的，因此乔会选择单轨交通出行。

图片：作者（Author）

▲ 单轨交通在红灯亮时能够继续运行，并且是合法的

◀ 吉隆坡 (Kuala Lumpur) 的 KL 单轨列车行驶在繁忙的街道上方

图片：作者（Author）

图片：小安东尼·安易丝·托塔
(Anthony Aneese Totah Jr) / Dreamstime 网站

可靠

　　如果一个交通系统的可靠性不能达到乘客的要求，那么它就没有优势可言。如果由于事故的发生导致该交通系统的可靠性降低，乘客需要经常因交通故障向领导解释迟到的原因，那么他们肯定不愿意选择这样的交通系统出行。单轨交通巨大的优势之一就是它的可靠性高。单轨交通在运营时的可靠性要高于 99%，其他形式的交通很难达到这样高的可靠性。单轨列车的橡胶轮胎在光滑的轨道梁上磨损很小，例如每个走行轮胎在替换之前能够运行超过 16 万 km。佛罗里达州 (Florida) 的沃尔特·迪士尼（Walt Disney）世界单轨交通系统共有 12 辆列车，在旺季至少有 10 辆列车在单轨线路上运行，每天服务乘客 18 h，所有 12 辆列车同时运行的情况并不罕见，该系统平均每天运送超过 15 万名乘客。其他的交通形式达不到单轨交通这样高的可靠性。对于钢轮和钢轨系统，由于摩擦力引起的磨损和断裂，几乎总有车辆和轨道需要维修。

成本效益和可持续发展

　　当人们提议和争论交通系统时，通常不包括本节标题所列的这个极为重要的因素。如果认真考虑长期成本效益，城市中可能会修建更多的单轨交通。例如，东京羽田单轨交通是私有的，自从 1964 年开始运营以来，这个 17.8 km 长的双线系统一直都是盈利的。西雅图中心单轨交通归西雅图市政府所有，它根据西雅图单轨交通服务（Seattle Monorail

◀ 在迪士尼世界度假村的迪士尼当代度假酒店和交通票务中心

Services，SMS）的特许经营协议运营，具有独立的领导和工作人员。纳税人没有给这条单轨交通任何运营资金。所有的运营成本及市政府和 SMS 获得的利润都是通过售票产生的。作为经营线路的回报，SMS 每年按 1∶1 的比例与市政府分享利润。除非利益得到保证，否则私营企业为什么要进行这样的合作呢？利润在运输领域中是一个非常重要的指标，因为大多数公共交通系统需要纳税人的巨额补贴。研究发现，单轨交通的工程造价和轻轨相当，但单轨交通需要更少的混凝土、钢材、钢轨、轮胎、电缆和其他各种类型的硬件设施。庞巴迪是一家大型的多种交通系统供应商，他们在单轨交通文献中提出："超过 25% 的单轨交通线必须被高架起来，单轨交通的施工和维护成本将低于其他任何类似运量的高架运输系统。"单轨交通在运行期间将实现巨大的成本效益。如果您要设计一个交通系统，那么请坚持用全寿命周期成本分析法来比较单轨交通和其他运输系统，然后再判断哪一个是最可持续的。

图片：作者（Author）

▲ 混凝土轨道梁上的橡胶轮胎仅需要很少的维护。图中，东京单轨的一位技术人员正在对单轨转向架进行维护

图片：作者（Author）

▲ 两个控制器就可以监视整个拉斯韦加斯（Las Vegas）单轨交通系统。当列车不与地面交通混行时就不需要司机了

图片：大卫·M. 艾斯
（David M. Ice）

环境友好——施工

大多数的轨道施工都会对周边地区造成长期的干扰及交通限制。单轨交通施工的进展比其他轨道系统要快得多，并将干扰时间降至最短。单轨交通墩柱所需要的土地空间不是很大，因此在墩柱施工时只需关闭很少的行车道。此外，轨道梁通常在架设现场外制作，运输和吊装到位也非常快，这个特点是单轨交通的一大优势。第 7 章对怎样建造单轨交通进行了介绍。

◀ 单轨交通施工破坏性最小，并且花费时间最少

图片：Ffooter/Dreamstime 网站

环境友好——更少打扰

芝加哥捷运（Chicago L）属于高架铁路，它的存在使人们产生了所有的高架轨道都会使街道变暗并产生噪声的错误观念。单轨交通已被误划入这一类交通中，除非说服公众相信单轨交通并不像人们认识的那样，否则单轨交通倡导者的战斗仍将持续下去。芝加哥捷运是建在大体积结构上的传统钢轨，它的结构几乎完全覆盖了街道，而单轨交通的结构是由对街道产生很小影响的窄墩柱组成的，在这些窄墩柱上面放置的是宽度小于一米的轨道梁。实际上，与其他结构或建筑物相比，单轨交通具有更小的遮挡效应。

◀ 芝加哥捷运（Chicago L）不是单轨交通，但高架轨道影响街道的负面形象却让世人对单轨交通留下了不好的印象

▶ 在市中心，单轨交通产生了最大面积的街道阴影吗？

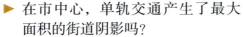
图片：作者（Author）

环境友好——安静

佛罗里达州 (Florida) 的迪士尼当代度假酒店拥有每晚房价超过 500 美元的房间,而单轨交通线路就位于这些客房的下面。如果噪声很大的话,那么,客人又为何会选择这样昂贵的房间呢? 事实上,单轨交通是如此的安静,以至于列车持续不断地进出中央大厅而不会打扰到任何客人。运行时,橡胶轮胎几乎是安静地在混凝土轨道梁上滑行。单轨交通在建筑内可以这样安静地运营,它们在户外也一样能够安静地运营。当单轨列车位于城市街道的上方时,列车的声音可以被下面的地面交通所淹没。单轨列车车轮不会产生刺耳的噪声,并且电动机也几乎是无声的。

▼ 在一个安静得不同寻常的示例中,犬山单轨交通在其长达 46 年的运行期间没有打扰过逝者

图片: 作者 (Author)

图片: 基思·沃尔斯 (Keith Walls)

▲ 一辆安静的 Mark Ⅵ 系单轨列车驶入佛罗里达州 (Florida) 豪华的迪士尼当代度假酒店

▶ 1999 年，伍珀塔尔（Wuppertal）的空中单轨交通 Schwebebahn）发生了一起造成 5 名旅客死亡的事故。事故原因是建筑工人把夹钳遗忘在了轨道上，并且在早晨第一列客运列车运行之前没有进行安全检查

图片：维基百科
(Wikipedia)

疏于安全的历史事故

单轨的历史完美吗？答案是并不完美，虽然也有过不幸的事故，但数量屈指可数。自单轨交通诞生以来，所有事故的总和比许多单条传统轨道交通线路一年中发生事故的数量还要少。单轨交通事故是如此少，以至于发生的时候，它们会得到全球媒体的广泛关注。在超过一百年的单轨交通历史中，仅仅有三起事故导致旅客死亡。

▼ 1968 年，赫米斯博览会（Hemisfair 68）的迷你单轨交通因驱动程序问题引发碰撞事故，这导致了整个 20 世纪西半球唯一的单轨乘客死亡事故

图片：小罗伯特·E. 威斯顿
（Robert E. Weston Jr.）

安全疏散

在紧急情况下列车的疏散能力经常被认为是单轨交通的弱项之一。虽然单轨交通的疏散是极为罕见的,但是制造商和运营商都寻找到了在停电或火灾等意外情况下救援乘客的许多方法。例如,许多单轨系统在列车之间都配备有疏散通道。当然,使用由消防部门提供的云梯车是一种常用的方法,使用列车上的滑梯撤离是另一种方法。现在,许多新型单轨交通都配有紧急通道。

图片:千叶市单轨交通有限公司

▲ 对于没有紧急通道的单轨交通,当列车之间也没有疏散通道可用时,可使用云梯车进行紧急救援

图片:千叶市单轨交通有限公司

▶ 三菱(Mitsubishi)建造的悬挂式单轨交通,在紧急情况下利用溜槽进行救援

像大多数新型系统一样,拉斯韦加斯单轨交通(Las Vegas Monorail)在轨道之间设置了紧急通道。

图片:作者(Author)

为什么不是轻轨？

轻轨（light rail transit，LRT）已经经历了几十年的发展，尤其是在美国极具典范。LRT 是有轨电车的一个奇特的新名称。"轻"这个词，是指载客的能力，与自重无关。事实上，轻轨列车很重，制造得很重的一个重要原因是可以承受碰撞。轻轨主要是在地面上运行，轨道也偶尔会布设在公共街道上。轻轨列车与汽车和行人共享交通空间。尽管轻轨的支持者们吹嘘通过地面车站上车十分便利，但由于它与其他交通线路相互影响，所以经常发生意外事故。例如，休斯敦的捷运轻轨第一年就发生了 70 起事故。事故的发生降低了轻轨的可靠性，更糟糕的是，这也造成了人员伤亡。轻轨也存在其他问题，包括施工时间长、施工期破坏性强等。因为在危险的环境中必须有司机操作列车，所以轻轨实现自动化是不可能的。轻轨占用地面空间，这不仅压缩了车道，还增加了拥堵。因为轻轨还必须在信号灯和交通拥堵时进行等待，所以速度不是轻轨的优点。像公交和地铁一样，轻轨的运营成本使利润降至很低。

图片：克里斯·伯纳多
（Chris Bernardo）

▲ 发生轻轨事故时，汽车司机或行人几乎总是被指责，但责怪并不会减少频繁发生的轻轨事故

图片：作者（Author）

▲ 轻轨司机罢工会影响交通，但对于自动运行的单轨来说并不存在这个问题

▶ 轻轨警示标志、接触网线和柱子会影响城市美观

图片：作者（Author）

图片/渲染：作者（Author）

▲ 地面空间：谁占地更多？单轨还是轻轨？

为什么不是地铁？

雷·布拉德伯里（Ray Bradbury）认为："地铁建设时间太过漫长，并且由于隧道必须挖掘出一个地下空间，所以建设成本过于昂贵。建设一条地铁线路的成本相当于建设十条单轨线路的成本。地铁开挖施工破坏了沿途的商业环境。从东洛杉矶到河谷地铁的历史，是一个毁灭商业和生活的历史。"那么为什么还要修建这么多地铁呢？答案是：追求利润，因为传统铁路获利更大。

图片：作者（Author）

▲ 冷峻、黑暗且昂贵的地铁隧道

为什么不是快速公交？

快速公交（bus rapid transit，BRT）遇到与轻轨相同的问题。BRT 只是具有专属地面和道路空间的一种公共交通，但它被赋予了经过精心修饰且引人注目的名字。这个专属的道路空间很少是 100% 的专用，BRT 车辆仍然与汽车和行人杂乱地混合在一起。当洛杉矶官员决定反对在圣费尔南多谷（the San Fernando Valley）修建单轨时，作为替代，该地区修建了一条事故多发且占用地面空间的公交专用道。就像轻轨一样，BRT 每辆车同样也需要司机。

摄影：USDOT FTA

▲ BRT 占用了大量的地面空间

图片：阪仓·托罗 (Sakakura Toro)/ 千叶都市单轨交通
有限公司 (Chiba Urban Monorail Co., Ltd.)

▲ 千叶市单轨列车在台风和暴风雪等不利条件下仍能
运营。轮胎走行面在箱型轨道梁的内部，这是赛飞
机技术有能力应对恶劣天气的重要卖点

对天气的适应性怎么样？

恶劣天气是挑战各种运输方式的重要因素。单轨交通如何来应对这些挑战呢？ 20世纪的现代单轨交通，已经用超过半个世纪的运营历史证明了它们在恶劣天气中运营的能力。因为跨座式单轨列车的橡胶轮胎在混凝土轨道梁上具有良好的牵引特性，所以跨座式单轨交通能够在寒冷的天气中良好运行。狭窄的轨道梁结构也是一个优点，因为跨座式单轨交通轨道梁上没有任何部位可以积聚冰雪，所以风就可以把大多数白雪吹离轨道梁的表面。高密度的列车运行通常也能防止冰雪积聚，而且轨道梁上的雪很容易就能被安装在车前的旋转刷或刮刀清除。日本跨座式单轨交通在雨雪冰冻灾害期间无中断地运行也证明了这一点。在结冰严重的地域中，电阻加热元件可嵌入到轨道梁的顶部表面中，特别是在有坡度的地方。赛飞机悬挂式单轨交通拥有类似的成功克服恶劣天气的能力，因为它的运行表面被包围在箱型轨道梁的内部，箱型轨道梁的完整外壳可以保护其内的转向架免受天气变化的影响。因此，对悬挂式单轨交通来说，该系统是不受雨水、冰霜或积雪影响的。事实上，在由于糟糕天气造成下方街道交通堵塞的情况下，单轨交通能在道路上方正常运营的实例并不罕见。

► 吉隆坡单轨交通（Kuala Lumpur Monorail）
每年都能无服务障碍地应对季风季节的大
规模暴雨

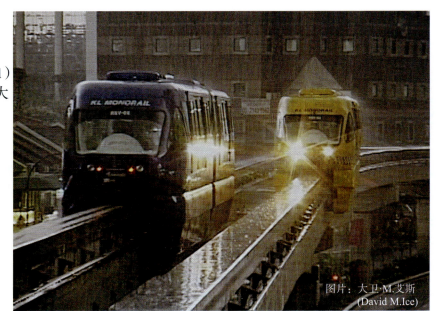

图片：大卫·M.艾斯
(David M.Ice)

图片：梅甘·清(Megan Ching)/西雅图单轨交通
服务机构（Seattle Monorail Services）

▲ 虽然不是每年都会发生，但是西雅图中心单轨交通已多次遭遇暴雪天气了。走行轮轮胎反复碾压轨道横梁上面的新雪，可以防止轨道梁积雪或结冰。在地面运行的公共汽车和轻轨就不能做到这一点，它们在这些情况下往往陷于瘫痪状态

有趣并且流行

单轨很受欢迎。乘坐单轨交通旅行可以给乘客以低空飞行的感觉。像飞机一样，单轨列车在转弯时轻微地从一边向另一边倾斜，轨道不会遮挡视线，视野非常开阔。美国迪士尼公园的单轨列车运营商常听到的乘客疑问是："为什么在我们的城市中没有这样的一座单轨呢？"事实上，选民已经在不止一次的场合证明了他们对单轨交通的偏爱。1990 年，洛杉矶市民通过投票，最终以 5∶1 的比例赞成在圣费尔南多谷（San Fernando Valley）修建单轨。洛杉矶交通管理局的官员和政客们并不重视投票结果，继续在洛杉矶建设轻轨、快速公交和地铁。1997 年 11 月，约有 9.3 万名西雅图选民对一个建设 64 km 长的城市单轨系统的基层民众倡议表示支持。西雅图也曾为"一条将在 2002 年开通的线路向汽车所有者征税"的提案进行了投票，尽管选民以不少于四次单独的投票来支持单轨交通，但由于资金筹措困难和缺乏市长支持，导致 2005 年项目被取消（见第 4 章）。至今，西雅图单轨支持者仍然为恢复该项目而继续努力。单轨继续受到人们的欢迎，虽然进展缓慢，但是有一点可以肯定，那就是更多的单轨正在被规划和建造。

▲ 单轨有趣又受欢迎，这是否意味着它的优势应该不用那么认真对待？

◀▲ 有些东西永远不会改变。1956 年，孩子们兴奋地等待着乘坐休斯敦（Houston）的古德尔（Goodell）单轨列车

为什么不修建更多单轨?

您可能会问:"如果单轨像说的这么好,为什么不多修建一些呢?"这是一个极好的问题!多种原因可以解释为什么您没有看到和其他交通系统一样多的单轨。有人说:"如今还没有多少单轨交通,我们不应该修建那些还没有得到证实的东西。"这种由于单轨知识的缺乏所产生的偏见仍然普遍存在于民众的意识中。单轨交通至今仍然被认为是新兴的、试验性的和未经考验的交通工具,只有少数人知道当今有许多单轨在运营。关于单轨比较少的一个更荒谬的理由,引用行业内众多专业人士的话是"只是没有足够的钱可花费在单轨交通上"。传统的轨道交通行业已经形成了一个利益集团,单轨交通往往被这些利益集团的代言人扼杀在摇篮阶段。为了寻求更多高利润的地铁合同,当城市在规划轨道交通时,他们就重复着城市单轨交通不好的谎言。使用这些欺骗性的战术,他们成功地在规划初期就排斥掉了单轨交通。由于制造商会排队来满足您的任何需求,所以可以理解他们想要实现利润最大化的欲望。如果您的城市需要一个比单轨更昂贵的建筑工程、一项比单轨更昂贵的操作技术,制造商很乐意效劳。就像您在本书中看到的那样,尽管对单轨交通有一些非议,但是在世界各地仍然有许多单轨交通成功地被建了起来。

重庆单轨交通超越了既有单轨交通。

图片:李博/Dreamstime 网站

照片：明尼苏达州历史学会（Minnesota Historical Society）

▲ **伊诺斯电气化轨道（Enos Electric Railway）** 这是伊诺斯电气化轨道公司（Enos Electric Railway Company）在明尼苏达州南方公园（South Park，Minnesota）内修建的一条 1 km 长的轨道线路

▶ **都灵阿尔维格单轨（Torino Alweg Monorail）** 在意大利 1961 年世博会（Italia 61 Expo）上展示的第一辆供乘客有偿使用的全尺寸阿尔维格（Alweg）式单轨列车

单轨在历史长河中的闪光点

技术的先进性

照片：作者收藏（Author's Collection）

单轨历史誉满史册。本章提供的只是单轨历史中最闪光的部分，包括从一登场就很先进的单轨交通技术，以及促使人们关注单轨技术并将其用于交通的构想。令人惊讶的是，"未来的单轨列车"已经存在很长时间了。

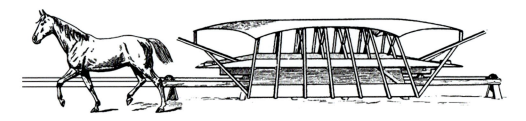

1820 年：叶尔马诺夫（Elmanov）

虽然可能有人在他之前对单轨交通做了一些工作，但俄罗斯发明家伊万·基里洛维奇·叶尔马诺夫（Ivan Kirillovich Elmanov）一直被誉为世界上第一个建造单轨交通的人。他设计的单轨交通被称为"墩柱上的道路"，坐落在莫斯科附近的麦克沃村（Mychkovo）。在这个单轨系统中，大车跨坐在一条木制的低矮的高架轨道上，大车的轮子不在车上，而是放置在轨道上，由马匹拉动大车沿着轨道行走。据说，当时克里米亚（Crimea）的盐矿已经在使用叶尔马诺夫（Elmanov）的单轨设计了。

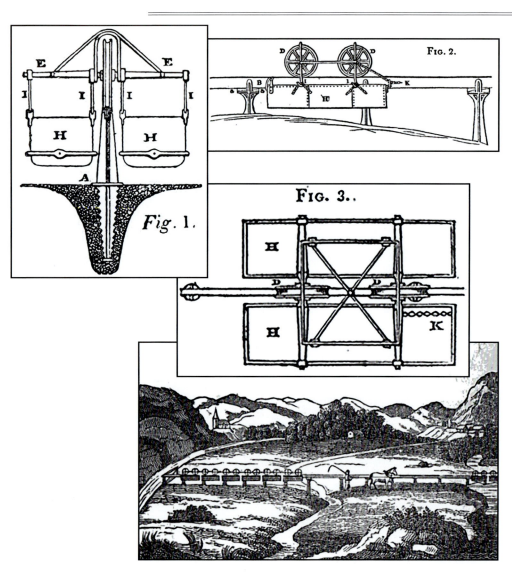

1824 年：帕尔默（Palmer）

第一个获得单轨专利的是英国人亨利·鲁滨逊·帕尔默（Henry Robinson Palmer）。作为伦敦船坞公司的工程师，1821 年，帕尔默将他的单轨专利概念应用于船舶的装卸。帕尔默在 1823 年出版了一本名为《用新原理描述单轨交通》的书，这本书很受欢迎，并在 1824 年出版了第二版。帕尔默单轨的优点是单轨交通基本上是水平的，地面上也不需要较大坡度。木柱的高度视需要而变化。1824 年，第一条帕尔默单轨交通线路开始在泰晤士河（the Thames River）和皇家储物堆场（Royal Victualling Yard）的仓库之间运输货物。次年，第二条线路开通，把砖块从砖厂穿过切森特（Cheshunt）湿地运输到利河（the River Lee），在利河装上驳船。

虽然第二条线路是为了运输砖块，但是它却被赋予了世界上第一条载客单轨的荣誉。在切森特单轨盛大开幕的那天，该公司的官员乘坐一列具有敞篷马车风格的特殊马车而来。这列马车有七节车厢，由马匹拉着沿轨道前行，而且每节车厢有两个铸铁双法兰轮毂。1826 年，帕尔默在德国的埃尔伯费尔德（Elberfeld, Germany）展出了他的单轨列车模型。当时，一家公司建造了帕尔默单轨交通线路，在埃尔伯费尔德（Elberfeld）和巴门（Barmen）之间运载煤炭，但没有建成载客的单轨交通。然而，75 年后的今天，埃尔伯费尔德和巴门将由世界著名的悬挂式单轨交通相连。

1872 年：里昂博览会（Lyon Exposition）

　　由杜尚先生（Monsieur Duchamp）设计的高架单轨在法国里昂的国际展览中心（the Exposition Universelle et Internationale in Lyon，France）投入使用。车辆被安装在一段 1 km 长的导轨上，高架在地面上方约 4 m 高的位置。电缆带动车辆沿轨道行驶。在展会期间，每天有 3 500 人次乘坐单轨。在此之后，单轨列车在展会上变得司空见惯。

1876 年：费城的百年纪念（Philadelphia Centennial）

　　1876 年，美利坚合众国在其建国 100 周年之际，建造了它的第一条单轨交通。勒罗伊·斯通将军（General LeRoy Stone）在费城的美国百年博览会上展示了一个由蒸汽机驱动的单轨交通。在那年的 5 月到 11 月，近 1 000 万游客参观了博览会。在占地 285 英亩（1 英亩≈4 046.86 平方米）的土地上，斯通设计的华丽的双层车有两个垂直的双法兰轮，这两个轮子在同一根承重轨道梁上滚动。后轮则使用旋转蒸汽机驱动。车子的侧轮使列车紧靠 A 形木制轨道。这条示范线位于博览会会场的费尔芒特公园（Fairmount Park）峡谷的正上方。

▲ 想象中供城市使用的斯通单轨交通

1878 年：布拉德福德（Bradford）

位于宾夕法尼亚州（Pennsylvania）布拉德福德（Bradford）和吉尔摩（Gilmore）之间 6.4 km 长的线路使用的是斯通单轨的改良版。修建该线路是为了把石油钻采设备及人员运送到德里克市（Derrick City）。1879 年 1 月 27 日，发生了单轨交通历史上罕见的一起灾难。当一辆满载官员的列车正高速行驶以展示其性能时，列车上的锅炉发生爆炸，随后列车冲向一条小溪，造成司机、消防队员和三名乘客死亡，其他乘客严重受伤。此后，该线路被出售，并在不久后被废弃。

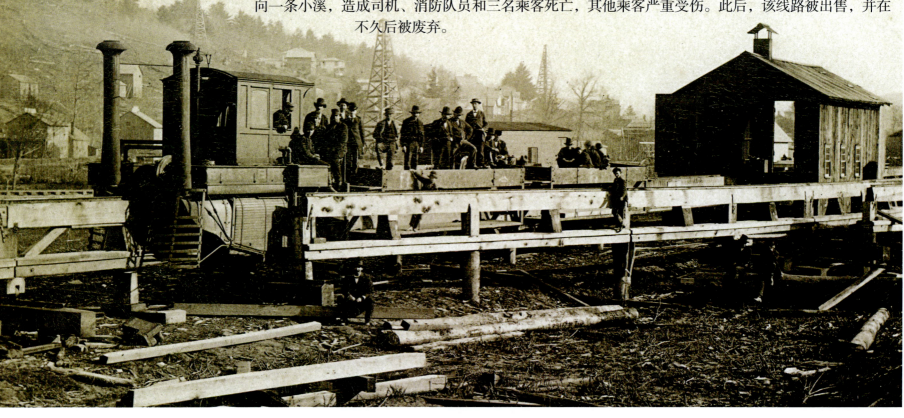

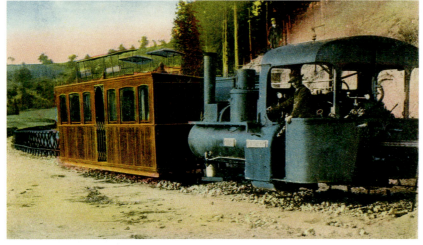

▲ 法国中部的弗尔—帕尼西埃（Feurs-Pannisière）线

1869—1924 年：哈登（Haddon）和拉蒂格（Lartigue）

当宾夕法尼亚（Pennsylvania）的单轨交通吸引了众多北美洲国家的目光时，类似 A 形支架的单轨交通已经开始在世界其他地方使用了。英国土木工程师 J. L. 哈登（J. L. Haddon）将骡子牵引的单轨交通进行了改进，使其具备叙利亚（Syria）蒸汽引擎。然而，在传播技术方面，没有人比法国工程师查尔斯·弗朗索瓦·玛丽－特蕾西·拉蒂格（Charles Francois Marie-Therese Lartigue）更为成功。拉蒂格改进了帕尔默的设计，并于 1884 年在巴黎展示了他的构想。在接下来的几年里，他还在威斯敏斯特（Westminster）、图尔（Tours）、圣彼得堡（St. Petersburg）、长岛（Long Island）和布鲁塞尔（Brussels）展示了这项技术。由于他的努力，包括在危地马拉（Guatemala）、秘鲁（Peru）和俄罗斯（Russia）在内的

图片：布伦丹·兰迪
（Brendan Landy）

▲ 爱尔兰重造的拉蒂格单轨交通

几个国家，均建造了几条单轨线路。

以拉蒂格（Lartigue）技术为基础的最著名的单轨交通是爱尔兰（Ireland）的利斯托尔和巴利巴宁单轨交通（Listowel & Ballybunion Railway）。它建于 1888 年，列车贯穿了利斯托尔（Listowel）和巴利巴宁（Ballybunion），线路长 14.5 km，列车速度达到了 42 km/h，共运行了 36 年。法国中部的拉蒂格线连接了法国弗尔（Feurs）和帕尼西埃（Panmissieu），全长 16.8 km，开通于 1894 年。拉蒂格线被称为运镁单轨，全长 48 km，1924 年在加利福尼亚州特罗纳（Trona, California）附近开始运营。在沙漠环境对它的木制轨道结构产生危害之前，该条由蒸汽机驱动的单轨列车穿越崎岖的山路将镁盐从塞拉利昂盐业总公司（the Sierra Salt Corporation）送至瑟尔斯谷矿（the Searles Valley）。直到 1926 年，该线路才停止运行，并被遗弃。近年来，在利斯托尔（Listowel）精心重建了一辆拉蒂格列车和一段 1 km 长的轨道。

▲ 运镁单轨

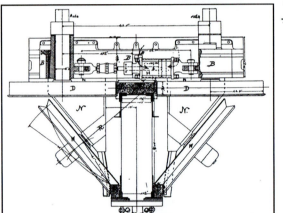

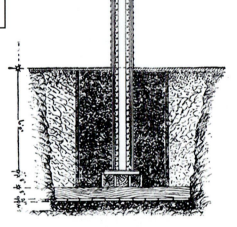

1886 年：梅格斯（Meigs）

在其他发明家之前，乔·V. 梅格斯（Joe V. Meigs）上尉就意识到了单轨交通的可行性。梅格斯设计高架轨道的出发点是将轨道从街道交通中分离出来。他设计的系统的另一个优点是轨道梁狭窄，它不会像正在施工的具有大体积结构的传统高架铁路那样使街道变暗。梅格斯设法完成即使在现今都没能完成的许多初步设计——一条全尺寸的测试轨道。在马萨诸塞州东剑桥（East Cambridge, Massachusetts) 建成了约 1.6 km 长的测试轨道，用于测试并展示他的全新设计。梅格斯单轨交通采用超越时代的空气动力车厢、承受斜荷载的双法兰车轮，以及位于承重走行轮上的液压制动器。在梅格斯进行测试时，他的列车速度达到 48 km/h，但声称在正常使用时车速能够达到 160 km/h，这在 19 世纪 80 年代是非常了不起的。可能是技术太超前于时代，梅格斯单轨并没有用于商业化运营。

1887 年：伊诺斯（Enos）

第一条悬挂式单轨是在新泽西格林维尔（Greenville, New Jersey）的伊诺斯电气公司地面上测试的。虽然格林维尔示范轨道在新闻界引起了相当大的轰动，但是仅有一条短线路是基于该技术建成的。这个设计可能影响了德国的尤金·兰根（Eugen Langen），因为伊诺斯单轨交通与后来建造的伍珀塔尔空中单轨交通有相似之处。当格林维尔测试轨道证明了这个系统的可行性后，1888 年在明尼苏达州圣保罗（St. Paul, Minnesota）郊区的南方公园建成了一条 1.2 km 长的线路。伊诺斯呼吁把钢结构和轨道提升到地面以上 4.2 m 高，但这条短线路是用木材建造的，几乎贴地运行。在遭到了强烈的地方反对之后，此线路穿过密西西比河（the Mississippi River）进入圣保罗（St. Paul）的延伸线路计划就搁置了。

1900 年：罗曼诺夫（Romanov）

1895 年 3 月，俄罗斯工程师伊波利特·罗曼诺夫（Ippolit Romanov）在敖德萨（Odessa）建造了一个电动单轨原型。1897 年，他在俄罗斯技术协会上展示了自己的单轨交通的功能模型。皇后玛利亚·费奥多罗夫娜 (Maria Fedorovna) 批准罗曼诺夫在加特契纳（Gatchina）建造一条试验性的输配电线路，该线路的钢轨道不足 2 km 长。1900年 6 月 25 日，对一辆车进行了首次测试，满载的车辆仅能达到 15 km/h 的速度，但乘客说单轨非常平稳，无"颠簸和摇晃"感。罗曼诺夫建议他的单轨用于轻 / 重货物的运输，包括邮件、粮食作物、石头、矿石、泥土和水泥，并且可以用于客运，他还建议军方使用可快速安装的木制三脚架军用单轨。

图片：詹姆斯·皮尔斯·福克斯（James Pierce Fox）收集

▲ 具有独墩支撑的兰根试验轨道

1901 年：伍珀塔尔（Wuppertal）

　　像其他人一样，德国科隆的土木工程师尤金·兰根（Eugen Langen）在单轨交通的历史上留下了自己的印记。他的空中单轨交通（Schwebebahn）——摇摆单轨（swinging railway）已经沿伍珀河成功运营了 100 多年。兰根的发明在两次世界大战中幸存了下来，并且现在依然在运营。在他发明的小货运单轨交通成功连接到他在科隆的炼糖厂的车间之后，兰根构思了用于客运的悬挂式单轨交通。基于兰根的发明而修建的工业单轨很容易被找到，这也是世界上最常见的单轨交通工具。伍珀塔尔的列车悬挂于带有双法兰车轮的转向架上，首条乘客运输示范线在科隆—道依茨（Cologne–Deutz）建造。不幸的是，兰根死于 1895 年，从未见过他的单轨竣工。就在公众有机会乘坐单轨的六个月前，德皇威廉二世成为第一位试乘空中单轨交通的政要之一。随后不久，第一条 4.4 km 长的线路于 1901 年 3 月 1 日开通。多年来，这条线路上的列车已被数次更换，但是精心维护的"皇帝专用车车厢（Kaiserwagen）"依然沿着 13.3 km 长的线路为游客和单轨粉丝提供特殊的旅行。

▲ 空中单轨交通的双法兰盘轮子在弯曲河道的上方呈倾斜状

▲ 在杜派士多堡车站（Döppersberg Station）精心打扮的乘客

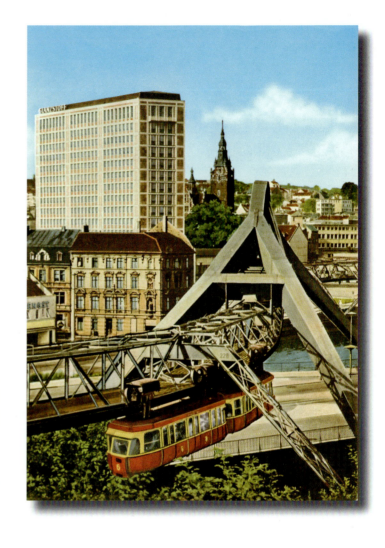

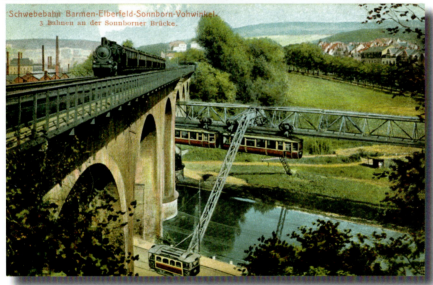

本页展示了数以百计的明信片中的四张明信片，它们记录了一个世纪以来悬挂式单轨交通的发展史。

▲ 1913 年伍珀塔尔的悬挂式单轨交通被誉为"马车时代的未来单轨列车"

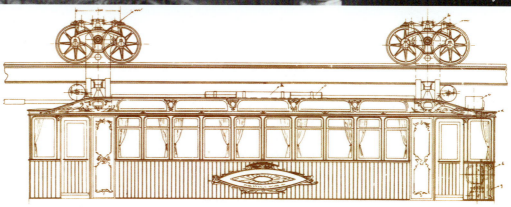

光刻制作：弗里德里克布洛克豪斯有限公司 (Friedrich Brockhaus Co. Ltd.)

1909 年：布伦南（Brennan）

　　1903 年，路易斯·布伦南（Louis Brennan）为自己陀螺平衡车的发明申请了专利。他的第一辆试验车可以在拉紧的钢缆上携带一个孩子平稳运行，这在 1909 年 11 月 10 日英国吉灵厄姆（Gillingham）的新闻中进行了全面报道。由于轨道可以被快速铺设，布伦南设计的载重 22 t 的车辆主要用于军事领域。即使在车辆的一侧有 40 名乘客，两个机载陀螺仪也足以使车辆保持水平。据说即使陀螺仪发生电源故障，陀螺仪的动力也足以使列车停下并停靠在侧置式站台上的。

1909 年：谢尔（Scherl）

　　在布伦南开发陀螺单轨交通的同时，德国先锋奥古斯特·谢尔（August Scherl）也在致力于自己的设计。并非巧合，两位发明家在同一天——1909 年 11 月 10 日，首次展示了他们的原型。尽管给科学家、工程师、军官进行了一系列成功的演示，但是对陀螺仪故障的恐惧导致了谢尔和布伦南的设计没有被用于实际运输中。后来试图开发陀螺仪式单轨系统的其他人都没有成功，包括 20 世纪 20 年代俄罗斯的彼得·席洛夫斯基（Peter Schilovsky）、20 世纪 60 年代美国的路易斯（Louis）兄弟、欧内斯特·斯温尼（Ernest Swinney）和他的朋友哈里·费雷拉（Harry Ferreira）。

1911 年：博伊斯（Boyes）

发明家兼企业家的威廉·H. 博伊斯 (William H. Boyes) 在华盛顿州塔科马市潮汐区（Tacoma tide flats）建造了一条跨座式单轨交通测试轨道。国际单轨交通公司给出的预算方案是：采用木梁，每 1.6 km 只需要 3 000 美元的费用。虽然此提议因财政支持告吹而搁置，但是博伊斯的设计成功预测了几十年后单轨交通的外观。

图片来源：美国国会图书馆（United States Library of Congress）

1914 年：热那亚 (Genoa)

　　这是专门为 1914 年海军和殖民地国际卫生展（Esposizione Internazionale di Igiene，Marina e Colonie）建造的单轨交通，在很多年以后也出现了类似的单轨设计。热那亚的单轨交通具有混凝土轨道，采用了比博伊斯（Boyes）更先进的技术。该线路将展会现场与城市中心广场连接起来。电动列车由意大利制造商卡尔米纳蒂与托塞利（Carminati & Toselli）制造，由四节载客车厢组成。此单轨交通运行了几年之后被拆除了。

1952 年：阿尔维格（Alweg）

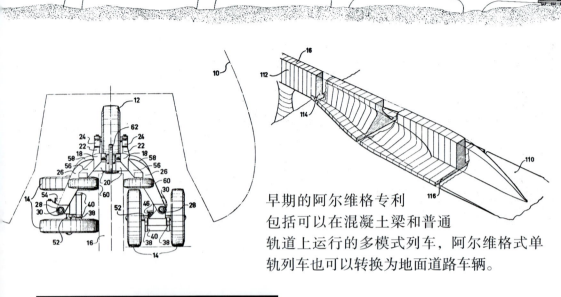

早期的阿尔维格专利
包括可以在混凝土梁和普通
轨道上运行的多模式列车，阿尔维格式单
轨列车也可以转换为地面道路车辆。

瑞典实业家和金融家阿克塞尔·伦纳特·温纳－格伦（Axel Lennart Wenner-Gren）是在第二次世界大战后第一位建造单轨测试轨道的人，他设计的系统被称为阿尔维格（ALWEG），这是他名字的首字母缩写。温纳－格伦的第一条单轨交通线路更多的是针对城市之间的高速运输，能够搭载乘客或运输货物。该设计是围绕着一个非常大的双层客运列车进行的。

战后汽车使用的高潮和交通拥堵的增加导致了温纳－格伦努力研究运输人员和产品的新途径，他对阿尔维格系统的研究始于 1950 年。为了避免潜在的冲突，要求新的交通方式与地面交通立体交叉设计。阿尔维格股份有限公司的另一个目标是研究加快施工的方法，该公司发明的模块化施工方法获得了专利，并已被用于每一个阿尔维格式单轨交通，包括从第一个原型到今天正在建设中的新型单轨交通。

位于德国菲林根（Fühlingen）的测试轨道在不到一年的时间就建成了。阿尔维格工程师设计了一个流线型的空气动力列车，新的机械制造技术使列车能保持较低质量。在测试轨道上，2∶5 比例的列车，行驶速度高达 160 km/h，阿尔维格宣传材料声称全尺寸列车的速度可高达 322 km/h。当今最陡的常规轨道坡度不到 6%，而阿尔维格设计的轨道坡度可高达 15%。车速 300 km/h 以上的阿尔维格系统也将比以 80 km/h 的速度运行的传统列车节能 27%。

当 1952 年 10 月 8 日阿尔维格系统首次在新闻界亮相时，就获得了世界各地媒体的关注，这体现了人们对单轨交通新时代到来的激动之情。其他人将跟随阿尔维格努力实现对单轨的新愿望。虽然

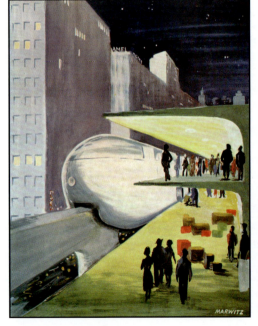

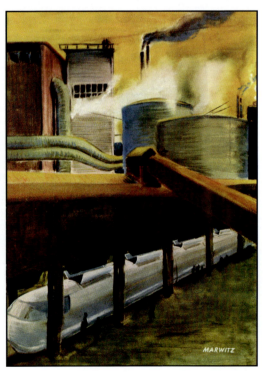

▲▶ 首批阿尔维格宣传册中的插图展
示了一辆双层城际列车，以及一
辆货运列车

突破新的领域令人印象深刻，但是一个阿尔维格式的高速、城际交通系统却从来没有建成。温纳－格伦一直资助阿尔维格系统的试验与开发，后来阿尔维格系统演变成了不那么高速但却更为成功的系统（第62页）。

阿尔维格的第一条测试轨道位于德国菲林根 (Fühlingen)，一辆 2∶5 比例的列车运行在两公里长的椭圆形环道上。列车在转弯处以 45° 角倾斜。相对于列车高速行驶来说，这种倾斜是可以接受的，但是对乘客来说就感觉有点不舒服，列车甚至需要在转弯处停下来。

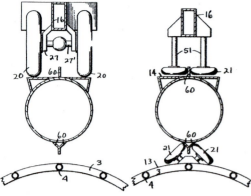

1956 年：古德尔（Goodell）

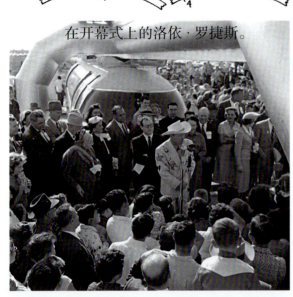

在开幕式上的洛依·罗捷斯。

穆雷尔·古德尔（Murel Goodell）的单轨交通股份有限公司在得克萨斯州休斯敦的箭头公园修建了自己的悬挂式高轨的测试轨道。演示车辆由两台惠普 352 汽车发动机驱动，司机座椅高于乘客座椅，两个转向架位于车厢的上方。开拓者列车乘客舱采用当时最先进的技术，使用了玻璃纤维外皮和座椅。古德尔设计的单轨交通是第一个使用橡胶轮胎的悬挂式单轨交通。轨道由添加了钢管的运行面组成。建造测试轨道花费了 12.5 万美元。发起人表示，营收系统可以达到每 1.6 km（1 英里）50 万美元。1956 年 2 月 18 日，295 m 长的试运行开幕式大张旗鼓地隆重

▲ 开拓者列车首次运行时的礼仪小姐，一位是凯·布赖特（Kay Bright）——一位前泛美航空公司的空姐，另一位是多萝西·比尔（Dorothy Buell）——魅力工作室的老板

1956 年，开幕当天的航线测试轨道。
图片：彼得·惠特尼（Peter Whitney）

得克萨斯州博览会。

启动了。这次活动和随后的示范线运动将美国卷入单轨交通的宣传战，尽管这场战役从1952年德国阿尔维格系统之后就已经开始了。经过8个月的测试后，轨道被拆除，并在达拉斯的得克萨斯州博览会会场进行了重建，重建后的线路加入了一些曲线轨道。从古德尔单轨展出到1964年，美国只建成了一条高架运输线路，它是位于休斯敦的霍比菲尔德（Hobby Field）机场的一条短线，该条被称作霍比菲尔德机场空中出租车（The Hobby Field Sky Taxi）的单轨交通，服务于一座远程停车场，但由于客流量较低而于1967年被拆除。

霍比菲尔德机场。

1958年：上野（Ueno）

东京市政府交通局生产了日本第一个运输单轨的原型。东京上野动物园单轨交通建设始于1957年，并于1958年开通。为了节省成本并且保持系统的简单，331 m长的示范线使用了橡胶轮胎和现成的钢轨道零件。日本在后来采用了阿尔维格式和赛飞机式单轨系统，并建造了比世界上任何其他国家都多的单轨交通。

在上野动物园进行的早期单轨测试，使所有游客的目光都注视上方的列车。

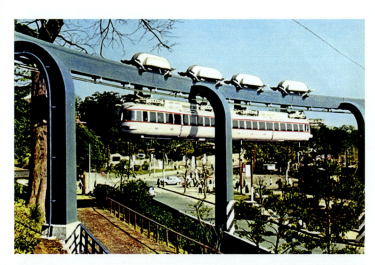

图片：E.A.S.科顿
（E.A.S. Cotton）

1957 年：阿尔维格（Alweg）

1957 年，阿尔维格有限责任公司根据 1952 年轨道梁原始测试数据，成功研发出了世界上最成功的单轨交通技术。阿尔维格修建的第一条全尺寸单轨交通试验线位于德国菲林根。单轨列车骑跨在轨道梁上，依靠橡胶走行轮与导向轮向前行驶，走行轮与导向轮可确保车辆的稳定及导向。与传统的钢轮钢轨系统相比，橡胶轮胎与轨道梁系统具有噪声更小、牵引力高出三倍以上的优势。轨道梁设计的简单化使其施工更快、更经济，这是阿尔维格有限责任公司的一个重大贡献。单轨交通试验线吸引了沃尔特·迪士尼（Walt Disney）的注意，1958 年沃尔特·迪士尼与他的妻子莉莲（Lillian）在度假的时候参观了该条单轨交通线。这次参观后，沃尔特·迪士尼于 1959 年开通了迪士尼乐园的阿尔维格式单轨系统，接下来还准备修建更多条单轨线路。

1957 年 7 月 23 日，世界首次见证了阿尔维格式全尺寸城市单轨交通。

◀ 测试轨道的车站是一个简单的单侧平台

图片：莱因哈德·克瑞斯切尔（Reinhard Krischer）收集

▶ 弯曲道岔首次在阿尔维格测试设备上演示

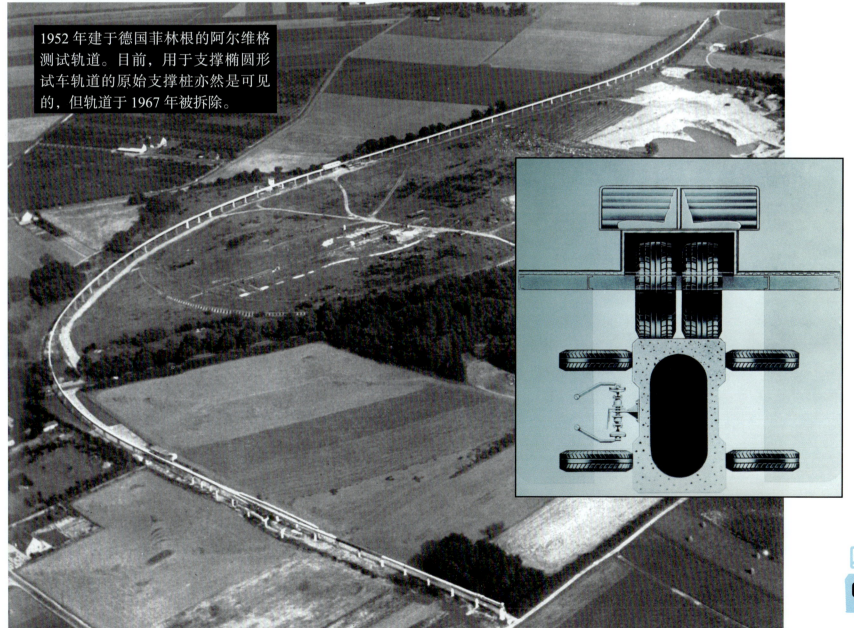

1952 年建于德国菲林根的阿尔维格测试轨道。目前，用于支撑椭圆形试车轨道的原始支撑桩亦然是可见的，但轨道于 1967 年被拆除。

1957 年：温纳－格伦／阿佩尔特单轨交通

1957 年 11 月，一条鲜为人知的全尺寸单轨交通线路在得克萨斯州休斯敦附近被秘密地测试。同月，阿尔维格创始人阿克塞尔·温纳－格伦（Axel Wenner-Gren）宣布购买了古德尔（Goodell）单轨交通公司的控股权，当时该公司已研发出了悬挂式单轨交通，而且温纳－格伦（Wenner-Gren）也已经用自己的才智改进了阿尔维格

式单轨交通，韦尔登·阿佩尔特（Weldon Appelt）当时是单轨公司的设计工程师。阿佩尔特的加入使得阿尔维格单轨交通从一个城际单轨系统转变为同城单轨系统。阿佩尔特私下里同温纳－格伦交流时提到，关于单轨交通的支撑体系他有更好的设计理念——倒 T 型。倒 T 型单轨交通使得走行轮的位置由原来梁的顶部转移到底部开口轨道梁内部底板的唇缘上，为客舱腾出更大空间，同时也简化了道岔。另一个优点是 T 型轨道梁的强度高，跨度可达 60 m，从而可减少桥墩的数量。温纳－格伦

在休斯敦秘密试验基地，阿克塞尔·温纳－格伦（Axel Wenner-Gren）（中间穿西装者）现场观摩由其投资建设的单轨交通。公司代表从左至右依次是：勒罗伊·莱科克（LeRoy Laycock）（1），费利克斯·戴维斯（Felix Davis）副总裁（2），韦尔登·阿佩尔特（Weldon Appelt）（3），穆雷尔·古德尔（Murel Goodell）（5），插图作者 L.C. 米切尔（L.C. Mitchell）（9）和项目的其他技术人员。

图片：勒罗伊·莱科克（LeRoy Laycock）收集

（Wenner-Gren）去世后，阿佩尔特（Appelt）与阿尔维格（Alweg）就技术维权问题打起了官司，最后阿佩尔特获胜。阿佩尔特和他的生意伙伴T.W.韦斯顿（T.W. Weston）一起，在接下来的数十年里继续为推广他的设计理念而努力。大西洋城和休斯敦都开始陆续建设单轨交通，并以高级快速运输系统的理念在社会上进行宣传。以后的数十年中，在西班牙的优若顿（Eurotren）和高速科罗拉多州单轨交通（Colorado Monorail）的推动下，倒T型单轨交通设计理念被引入从丹佛（Denver）至洛基山（Rocky Mountain）滑雪胜地的单轨交通设计中。

▶ 温 纳－格 伦（Wenner-Gren）资金枯竭后，得克萨斯的单轨交通车辆模型也随之废弃了

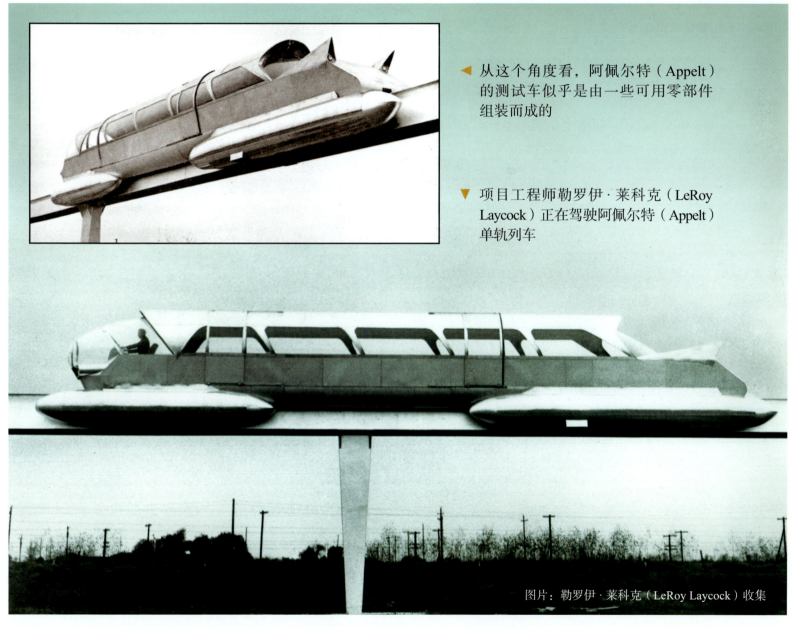

◀ 从这个角度看，阿佩尔特（Appelt）的测试车似乎是由一些可用零部件组装而成的

▼ 项目工程师勒罗伊·莱科克（LeRoy Laycock）正在驾驶阿佩尔特（Appelt）单轨列车

图片：勒罗伊·莱科克（LeRoy Laycock）收集

▲ 以钢结构和预应力混凝土轨道梁为主要特征的教皇新堡赛飞机（Châteauneuf Safege）测试轨道

▶ 测试车辆的标准控制室

1960 年：赛飞机（Safege）

20 世纪 40 年代，巴黎地铁 11 号线用橡胶轮胎来代替钢轮给法国工程师卢西恩·费利克斯·查德森（Lucien Félix Chadenson）留下了深刻的印象，由此他开始对悬挂式单轨交通产生兴趣，并决定将该理念引入他的设计中。悬挂式单轨交通的转向架在封闭的轨道梁箱体内，可以免受外界环境的影响。在巴黎南部的卢瓦尔河畔新堡（Châteauneuf），一条长 1 370 m 的测试轨道线路从 1960 年到 1967 年一直在运行。Safege 是 Societe Anonyme Francaise D'Etudes，De Gestion Et D'Entreoprises（法国管理和商务研究有限责任公司）的首字母缩写。赛飞机（Safege）集团包括了众多著名的法国公司，例如雷诺和米其林。迄今为止，赛飞机技术尚未在法国投入使用，但在日本有三条单轨交通线路采用了该技术。目前，日本湘南和千叶市的两条单轨交通线路仍在运营。在 20 世纪 70 年代，德国西门子开发了与赛飞机单轨系统非常相似但规模更小的单轨交通系统，目前该单轨交通系统已在多特蒙德大学和杜塞尔多夫机场建成并投入使用。有些公司已经对赛飞机系统提出改进建议，比如为了提高速度而采用具有较小轨道梁的钢轮系统。

图片：艾伯特·G. 奈米尔（Albert G. Nymeyer）

在 1966 年由弗朗索瓦·特吕弗（Francois Truffaut）执导的电影《451 华氏度》中，赛飞机测试轨道极具特色。

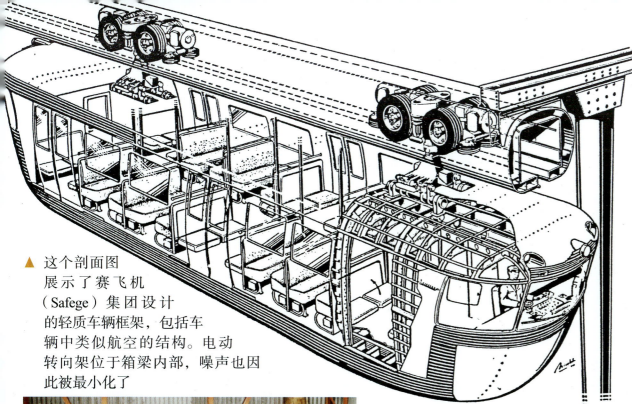

▲ 这个剖面图展示了赛飞机（Safege）集团设计的轻质车辆框架，包括车辆中类似航空的结构。电动转向架位于箱梁内部，噪声也因此被最小化了

◀ 赛飞机（Safege）集团设计的转向架使用了米其林轮胎，安装在巴黎地铁上的米其林轮胎被证实有超过 40 万 km 的使用寿命

▼ 赛飞机道岔原型，为了便于研究而没有采用封闭结构。日本为他们的赛飞机线路开发出了一种更简单的道岔设计

▲ 试车跑道的一部分由木杆支撑，这说明线路的临时变更可以在数日之内完成

图片：艾伯特·G. 奈米尔（Albert G. Nymeyer）

▲ 赛飞机（Safege）测试设备包括图中所示的这种规模的桥梁模型，它结合单轨技术和沙德逊（Chadenson）工程师丰富的悬索桥经验建造而成

1961 年：日本 – 洛克希德 (Nihon–Lockheed)

图片：作者（Author）

图片：作者 Author）

1961 年，洛克希德飞机公司（Lockheed Aircraft Corporation）与川崎飞机（Kawasaki Aircraft）等六家日本公司联手，创建了日本 – 洛克希德单轨公司（Nihon-Lockheed Monorail Company）。1963 年，该公司与日本岐阜（Gifu）县的一家公司合作修建了一条测试轨道。在西雅图 21 世纪博览会和东京单轨交通会上，日本 – 洛克希德公司（Nihon-Lockheed）的单轨技术均被选用，阿尔维格（Alweg）也有两个具有里程碑意义的单轨交通技术被选用。洛克希德的设计理念与阿尔维格相似，主要区别是洛克希德的轨道梁和车轮是钢结构，而阿尔维格使用的是混凝土轨道梁。尽管日本对洛克希德单轨交通系统的建设有大量提案，但是目前仅在姬路市（Himeji）和川崎（Mukogaoka）修建了两条线路。这两条单轨交通线路都是火车站到游乐园之间的专线，在 1974 年姬路的单轨交通因资金问题而关闭，但是川崎的单轨交通则运营了 35 年。

◄ 川崎（Mukogaoka）至当地游乐园的单轨列车，从 1966 年开始运营，在 2001 年因游乐园的关闭而停止运行

◄ 这是日本 – 洛克希德（Nihon-Lockheed）单轨交通线路中混凝土和钢轨长时间在自然环境中暴露的特写镜头

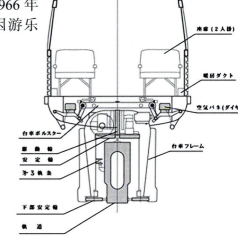

在日本岐阜（Gifu）县的川崎飞机（Kawasaki Aircraft）试验轨道上，一个道岔正在进行往复测试

▲ 图片中展示了建于 1966 年的姬路单轨交通。从姬路站（Himeji Rail Station）到手柄山中央公园（Tegarayama Central Park）共 1.6 km，设有一个中间站。此线路一些废弃的轨道至今仍然保留着，并且两列列车已经保存起来了，供博物馆展览使用

▼ 川崎单轨列车在曲线轨道处倾斜十分严重，当车厢倾斜时乘客会感到摇晃

▲ 每节车厢配备 4 个 100 马力的电动机，这使得列车能够达到 120 km/h 的速度

图片：作者（Author）

图片：艾伯特·G. 奈米尔
（Albert G. Nymeyer）

意大利印于 1961 的明信片，其中展示了身着制服的漂亮的单轨交通女站务员及驾驶员。

图片：艾伯特·G. 奈米尔
（Albert G. Nymeyer）

1961 年：阿尔维格（Alweg）

具有讽刺意味的是，尽管现在许多地方建设了阿尔维格式单轨交通，但是阿尔维格股份有限公司只建造了两条公共单轨交通线路。一条线路在意大利的都灵，是为意大利 1961 年为期六个月的博览会而修建的。在博览会上有 130 万名乘客乘坐过单轨交通。该线路全长 1.2 km，三节车厢可以容纳 80 名有座乘客和 120 名无座乘客。博览会的 70 多张明信片上都印有单轨列车。阿尔维格股份有限公司计划永久经营该条单轨交通，并考虑将其延伸 3 km 连接到蒙卡列里（Moncalieri），但计划最终没有实现。展览会结束一个月后，阿尔维格单轨交通的创始人及推动者——阿克塞尔·L.温纳–格伦（Axel L. Wenner-Gren）于 1961 年 11 月 24 日去世了。博览会后，列车在其维修车库中存放了 19 年。1980 年 11 月，破坏者焚烧、摧毁了这辆历史性的列车。车站结构和湖上轨道至今仍屹立不倒。

阿尔维格使用了一些从迪士尼单轨中学到的设计技巧：列车鼻子呈泡状，驾驶员座舱从舱室上方伸出。

图片：艾伯特·G. 奈米尔
（Albert G. Nymeyer）

▲ 1962 年，西雅图的红色列车在 21 世纪博览会上运营

1962 年：阿尔维格（Alweg）

阿尔维格有限责任公司修建的另外一条也是最后一条单轨交通位于西雅图，是为 21 世纪博览会修建的。在为期六个月的博览会期间，该单轨交通在市中心和展馆之间往返运输游客达八百多万人。为了引起游客对单轨技术的关注，阿尔维格公司投资 350 万美元修建了这条 1.5 km 长的单轨交通线路，博览会期间门票收入已达到投资建设的成本。阿尔维格有限责任公司为世界各地设计了许多单轨系统，但都没有建成。今天，阿尔维格单轨交通技术仍然在继续蓬勃发展，为众多企业提供各种衍生系统。

图片：米高梅电影股份有限公司
（Metro-Goldwyn-Mayer Pictures, Inc.）

▲ 在米高梅 (MGM) 电影《猎艳情歌》中，猫王埃尔维斯·普里斯利（Elvis Presley）在红色的单轨列车上调情

▲ 年轻的乘客享受着司机在前方驾驶的乘车体验

1964：工字梁单轨交通 / 纽约世界博览会

工字钢构件用途比较广，工字形单轨梁也容易建造。如第 1 章所述，大多数工字梁系统用于非客运的工业用途。为办 1964—1965 年纽约世界博览会，美国机械制造商（AMF）建造了一条工字梁短途单轨交通线路。难以理解的是，AMF 为什么不用它们正在推广且已被授权的赛飞机（safege）技术修建呢？许多美国人认为，AMF 从未出售过一条完整的单轨交通线路，他们有义务修建一个完整的单轨系统。

▲ AMF 单轨交通正在驶进世界博览会仅有的一个车站

▲ 超前博览会艺术凸显了未来将要建在皇后区的单轨交通的外貌

1970：工字梁单轨交通 / 布兰尼夫喷气式单轨

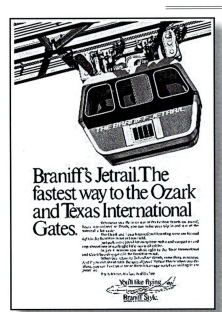

布兰尼夫国际航空公司（Braniff International Airlines）在达拉斯－拉乌－菲尔德（Dallas Love Field）投资建造了一条长 2.8 km 共设 3 座车站的喷气式单轨交通线路。该单轨系统由乔治·亚当斯（George Adams）发明，由斯坦雷公司（Stanray Corporation）和美国起重机公司（American Crane Corporation）负责施工，是世界上第一个全自动单轨交通系统。1974 年，当达拉斯 / 沃斯堡（Dallas/Fort Worth）国际机场开放，布兰尼夫航空公司（Braniff）搬走之后，该条线路就关闭了。美国交通部对喷气式单轨系统进行了研究，并在 1977 年的报告中提到："在该系统运营的四年里，没有发生死亡或重大事故，客运量超过 600 万人次，运营里程达 210 万 km，整体可用性达 99.7%。"

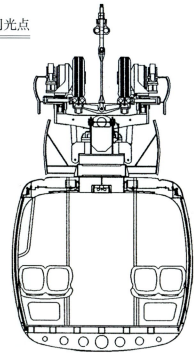

1970 年：工字梁单轨交通／空中客车

　　1970 年，一条长 1.6 km、拥有独特混合设计的全尺寸空中客车线路在瑞士进行首次测试。空中客车系统由部分单轨、部分悬索轨道组成，由格哈德·米勒（Gerhard Mueller）发明。空中客车与金门大桥的设计类似，利用细长钢桥塔来悬吊悬索，桥塔间距可达 600 m。在轨道转弯段使用类似于其他工字梁的单轨轨道。迄今为止，仅 1975 年使用该技术在德国曼海姆（Mannheim）园艺博览会上修建了一条 3.2 km 长的空中单轨交通线路。在六个月博览会期间，共运输了 250 万名乘客。该单轨系统中，轨道梁的设计成本低，并且安装快。

图片：吉恩－亨利·马纳拉
（Jean-Henri Manara）

▲ 1975 年在曼海姆（Mannheim）的德国联邦园艺博览会（Bundesgartenschau）上的空中客车

▲ 曼海姆市（Mannheim）的工字梁轨道

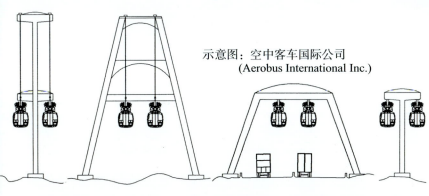

示意图：空中客车国际公司
(Aerobus International Inc.)

▲ 不同的空中客车设计，既有缆索支撑，也有传统单轨交通支撑

▲ 无塔大跨径轨道跨越城市街道上方

1978 年：工字梁单轨交通 / 泰坦 PRT 系统

在试图出售用于城市交通的工字梁单轨交通的情况下，新泽西州的泰坦（Titan）PRT 系统掌握了布兰尼夫（Braniff）喷气式单轨技术，并对 PRT 系统进行了改进。在 1977 年喷气式单轨系统被拆除前，该系统被进行了改进，用于测试原型线性感应电动机推进系统。在 20 世纪 90 年代，泰坦公司倒闭之前，该公司一直在推销工字梁单轨，尽管泰坦 PRT 系统没有被建造出来，但是它在技术方面的几个值得注意的提案受到了高度重视。

图片：作者（Author）

▲ 一小段工字梁上的泰坦（Titan）转向架实体模型，车辆将由免维护的直线电机驱动

▲ 泰坦喷气式单轨技术是基于位于达拉斯（Dallas）沃菲尔德（LoveField）的布兰尼夫（Braniff）的细长轨道研发的

1993 年：工字梁单轨交通／埃及卢克索 – 剑神（Luxor–Excalibur）

在 20 世纪 60 年代，随着箭头形列车动力学的发展，有两座布施花园（Busch Garden）式公园成功地修建了悬挂式单轨交通。在 20 世纪 90 年代，悬挂式单轨交通系统开始大规模使用工字梁。1990 年，该系统取代了洛杉矶博览会的跨座式单轨系统，并于 1993 年在内华达州拉斯韦加斯两个旅馆之间修建了一条短距离的悬挂式单轨交通线路。洛杉矶博览会的单轨系统与卢克索／神剑箭系统（Luxor/Excalibur Arrow systems）都因受到工字梁轨道问题的困扰而被关闭，随之被拆除。

图片：作者（Author）

▲ 在拉斯韦加斯，一辆箭头形列车正在驶过东雷诺大道（East Reno Avenue）

图片：作者（Author）

▲ 卢克索短暂运营的悬挂式单轨交通车站

图片：作者（Author）

▲ 在街道上方，外形流畅雅致的箭头形列车酷似卢克索酒店（Luxor Hotel）的形状

图片：作者（Author）

▲ 1993 年，单轨开通后不久，开始出现轨道应力问题

工字梁单轨交通 / 100 年的新奇骑乘设施

近一个世纪里，工字形钢梁的单轨交通一直都是娱乐场游客最喜欢乘坐的交通工具。悬挂于轨道下面的车厢被设计成类似飞毯、海盗船、大黄蜂和未来列车的造型。对创新型企业家来说，成型轨道所使用的工字形钢梁具有便捷性和可使用性，这使单轨交通成为一种理想的交通工具。

1915 年：在西班牙巴塞罗那的提维达波山（Tibidado），修建了存在时间最长的工字梁新型单轨交通。它建在高高的山顶上，至今依旧能让游客感到刺激

20 世纪 40 年代：许多美国百货公司建造了室内单轨交通，包括在新泽西州纽瓦克的克雷斯吉（Kresge）单轨交通。

图片：戈登·斯奈德（Gordon Shyder）

图片：作者（Author）

1955 年：迪士尼乐园的第一条单轨交通叫彼得 - 潘航班（Peter Pan's Flight），它比未来世界（Tomorrowland）附近的阿尔维格式单轨交通早建造了四年

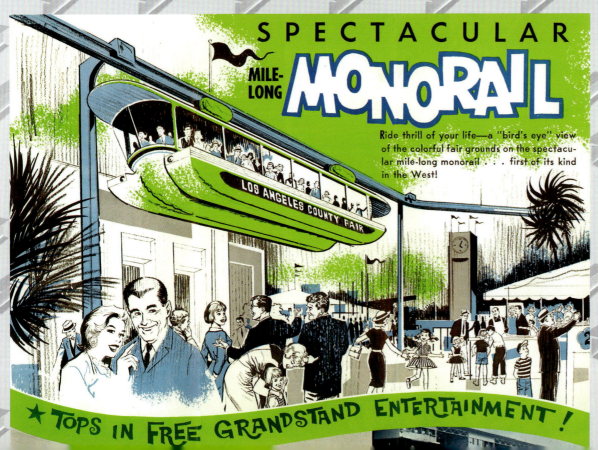

SPECTACULAR

MILE-LONG MONORAIL

Ride thrill of your life—a "bird's eye" view of the colorful fair grounds on the spectacular mile-long monorail . . . first of its kind in the West!

LOS ANGELES COUNTY FAIR

★ TOPS IN FREE GRANDSTAND ENTERTAINMENT !

从 1962 年到 1966 年，为洛杉矶县展览会修建的单轨交通一直在地面上空运营

1958 年：加州的太平洋公园（Pacific Ocean Park）以这个魔术地毯娱乐项目为特色

1963 年：迈阿密（Miami）水族馆以美国东海岸的第一座悬挂式单轨交通为特色

1968 年：佛罗里达州彩虹泉农庄（Rainbow Springs）的以树叶为主题的森林轨道线

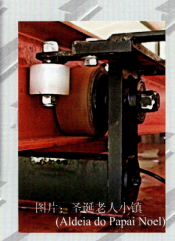

图片：圣诞老人小镇
(Aldeia do Papai Noel)

1966 年：在美国加州的布施花园大华超级市场（Busch Gardens VanNuys），乘客可乘坐箭头形单轨列车进入啤酒厂参观，该单轨一直运营到1979年景点关闭。从1966年到1999年，佛罗里达坦帕（Tampa）的布施花园（Busch Gardens）出现了类似的箭头形单轨交通

2009 年：圣诞老人小镇（Aldeia doPapai Noel）是一座位于巴西格拉马杜山（Gramado）上的游乐园，该游乐园的红色单轨小车由容易获得的金属材料制作而成

1964 年：钢箱梁迷你轨道

　　20 世纪 50 年代，单轨交通达到了一个新高度，并翻开了崭新的一页。公众对乘坐单轨交通充满了期待，但是并不是所有的博览会、公园和世博会都可以负担得起全尺寸单轨交通。因此，迷你轨道应运而生。迷你轨道是一种运营在钢轨道上的小型跨座式单轨交通。博览会结束之后，迷你轨道系统可以方便地向其他地方转移。目前，在一些不方便修建全尺寸单轨交通的地方仍然继续修建迷你轨道系统。在国际博览会上，迷你单轨很受欢迎。同时，在一些非娱乐场所，也开始用输送乘客等级的钢梁单轨系统作为运输工具。

图片：作者（Author）

▲ 1969 年：通用移动公司（Universal Mobility Incorporation）在美国安装了许多迷你轨道。图中的这条迷你轨道至今仍然在加利福尼亚州萨克拉门托（Sacramento）的卡尔博览会（Cal Expo）上运行

▲ 1964 年：第一条重要的迷你轨道在瑞士洛桑（Lausanne，Switzerland）的 1964 年博览会上首次亮相。该迷你轨道由冯·罗尔单轨交通公司建造。该公司后来又建造了更多的单轨交通，直到其资产被安达公司收购。最后，该公司又被庞巴迪收购

图片：作者（Author）

▲ 英特敏运输公司（Intamin Transportation）在 20 世纪 80 年代开始销售迷你轨道。1992 年，在斯图加特花园博览会（Stuttgart Garden Expo）上运营的迷你轨道，可以轻松通过 20% 的上坡和下坡坡度。英特敏运输公司的产品也包括更大、更快的单轨交通轨道

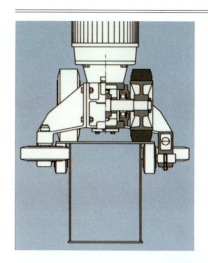

◀ 左图为冯·罗尔（Von Roll）单轨交通的箱梁和转向架配置图。箱梁顶部的钢板用于支撑走行轮和唇缘下方的安全轮

图片：作者（Author）

▲ 1991 年：新泽西州的纽瓦克国际机场（Newark International Airport）用冯·罗尔（Von Roll）单轨技术修建了最完整的单轨系统。该系统拥有较大高度的轨道梁，因而可增大跨度而不设桥墩。右边的轨道是一条作为维护设施使用的辅助线

图片：作者（Author）

▲ 1988 年：澳大利亚的悉尼是冯·罗尔（Von Roll）的第一条Ⅲ类城市单轨交通的所在地。该单轨系统循环通过市区，有 8 个车站。虽然该单轨系统深受游客欢迎，但却在 2013 年被拆除了

图片：PPH 道岔系统公司（PPH Transsystem AG）

▲ 2009 年：位于波兰兰卡特（Lancut）的 PPH 道岔系统有限公司（PPH Transsystem AG）开发出了一种新型钢轨迷你轨道系统。巴托勒特机械制造公司（Bartholet Maschinenbau AG）在瑞士库尔（Chur）的工厂生产出了相应的列车和试车轨道

1975 年：西门子空中轨道列车（Siemens H–Bahn）

1972 年，西门子 – 杜瓦格（Siemens-Duwag）开始开发一种自动化的悬挂式单轨交通系统，该系统具有与法国赛飞机（Safege）系统相似的配置。1975 年，他们开始在德国埃朗根（Erglangen）的研发中心对一条轨道原型进行测试。空中轨道列车（H-Bahn）是一个中等容量的系统，它使用实心橡胶轮，客舱在空中悬挂，并且在曲线轨道段上会摇摆。1984 年，第一个公共空中轨道列车系统于多特蒙德大学开放，多特蒙德的系统自开放以来扩建了两次，把校园内的主要建筑与一个地铁站连接起来。第二个公共空中轨道列车系统于 2002 年在杜塞尔多夫国际机场为乘客运输而开放。2011 年，国际空列集团（Air Train International）宣布将致力于向中国提供大量基于空中轨道列车（H-Bahn）技术的单轨交通。

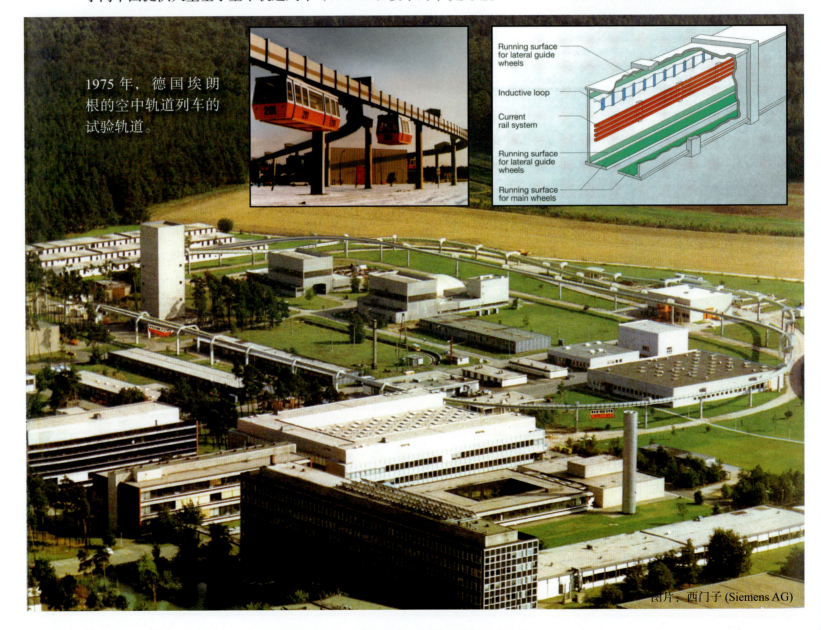

1975 年，德国埃朗根的空中轨道列车的试验轨道。

Running surface for lateral guide wheels

Inductive loop

Current rail system

Running surface for lateral guide wheels

Running surface for main wheels

图片：西门子 (Siemens AG)

示意图：西门子 (Siemens AG)

图片：多特蒙德空中轨道列车协会（H-Bahn-Gesellschaft Dortmund mbH）

▲ 1984 年：多特蒙德大学空中轨道列车（H-Bahn）顺利地通过校园站附近的道岔

图片：安德烈亚斯·威斯 (Andreas Wiese) / 杜塞尔多夫国际组织（Düsseldorf International）

▲ 2002 年：杜塞尔多夫国际机场的高轨列车（International SkyTrain）

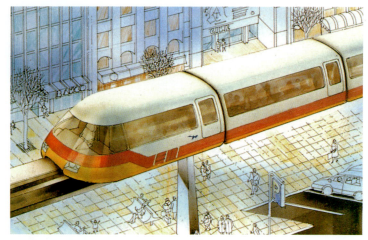

▲ 置身于城市中的欧洲单轨列车

1987 年：欧洲单轨列车（Eurotren Monoviga）

　　欧洲单轨列车（Eurotren Monoviga）是西班牙发明家朱里奥·平托·席尔瓦（Julio Pinto Silva）博士智慧的结晶。席尔瓦的欧洲单轨列车系统采用倒 T 型轨道梁，该轨道梁的设计类似于 1957 年韦尔登·阿佩尔特（Weldon Appelt）的设计。承重轮在轨道梁底板开口的唇沿上行走。1984 年，席尔瓦向西班牙交通部长展示了 1∶8 的欧洲单轨列车缩尺模型。1987 年，EM-403 全尺寸原型建成，并且在塞维利亚（Seville）附近的一条长 2.4 km 的试验线上进行了测试。有一些城市有意向修建欧洲单轨列车，这些城市大多位于西班牙。20 世纪 90 年代，科罗拉多州从丹佛（Denver）到阿斯本（Aspen）的 I-70 走廊有使用欧洲单轨列车高速版本的意向。

▲ 欧洲单轨列车的测试轨道

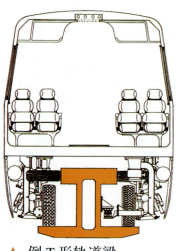

▲ 倒 T 形轨道梁

▲ 导向轮和走行轮

▲ EM-403 测试列车的各车厢采用铰接式连接方式，车厢之间不设隔断墙或者隔断门

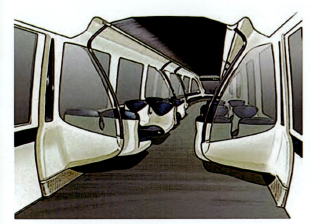

图片：作者（Author）

▲ 麦特轨道（Metrail）为 21 世纪的跨座式单轨轨道梁带来了尖端技术，从而降低了施工和运营成本

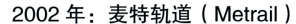

▲ 车厢内部平坦的地板

▶ 麦特轨道（Metrail）的紧凑型车架及其创新的转向架设计

效果图：麦特轨道公司
(Metrail AG)

2002 年：麦特轨道（Metrail）

在 21 世纪初，随着混合动力单轨技术的发展，英国创新设计与工程公司的弗雷泽 – 纳什（Fraser-Nash）将单轨交通发展到一个新的水平：麦特轨道（Metrail）不需要昂贵的沿线电气基础设施，车载的汪克尔引擎（Wankel engines）在保持清洁运行的同时为车辆提供了可再生的动力。麦特轨道采用无刷交流电机驱动每个驱动轮，这就允许转向架设计得更小、更紧凑。车厢由包括碳纤维和芳纶纤维在内的轻质材料制作而成。

在马来西亚汝来（Nilai），麦特轨道（Metrail）的测试轨道展示了单轨交通具有非凡的转弯能力，转弯半径可达 30 m。

图片：作者（Author）

绘制：庞巴迪运输 (Bombardier Transportation)

▲ **休斯敦单轨交通** 在获批并签约后，休斯敦单轨交通被单轨交通的大敌——政客们扼杀了

▶ **旧金山单轨交通** 1950 年的钢轮单轨效果图，该悬挂式单轨是为旧金山海湾（San Francisco bay）地区研发的

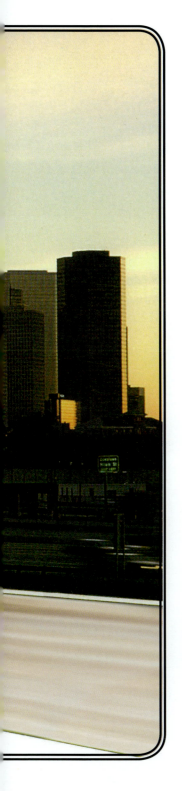

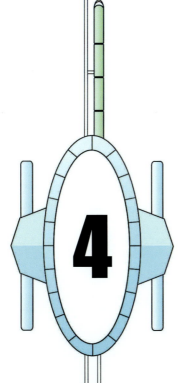

本应建成的单轨

100 多年来错失的机遇

绘制：吉布斯 & 希尔公司（Gibbs & Hill Inc.）

本章介绍了一些提案引人注目，但却未能建成的单轨交通系统。

寻找发明的地方

　　发明的历史充满了未实现的梦想和未完成的故事。纵观人类近代发明历史，单轨交通与其他发明相比并没有什么特别之处。然而，相较大量已基本建成的交通系统，单轨交通的发展似乎受到了阻碍。下面几页就介绍一些未能实现的案例。

▲ 1887 年，在明尼苏达州南方公园（South Park）证实依诺斯（Enos）轨道技术的可行性后（本书第 51 页）。新单轨技术的支持者们设法建造一条 1.2 km 长的试验线，然而当该试验线扩展到附近的圣保罗（St.Paul）和明尼阿波利斯（Minneapolis）时，扩展计划却被阻挠了。此透视图显示了该单轨交通试验线如何在马和马车占领的街道上方运行

▲ 在汉堡市修建尤金·兰根（Eugen Langen）空中单轨交通（Schwebebahn）的效果图

◄ 伦敦是见证尤金·兰根（Eugen Langen）设计的悬挂式单轨交通的城市之一。在这个画面中，单轨交通位于伦敦主街道的上方

图片：詹姆斯·皮尔斯·福克斯（James Pierce Fox）收集

提供：丁格尔理工学院杂志
(Dingler's Polytechniches Journal)

▲ 在施普雷河（Spree River）上方的简伍兹（Jannowitz）桥站

图片：詹姆斯·皮尔斯·福克斯
（James Pierce Fox）收集

▲▶ 柏林的弗里德里希大街
（Friedrichstrasse）站 建
于 1878 年，后来被改建
以用于连接空中单轨交
通（Schwebebahn） 和
常规铁路线

柏林

尤金·兰根（Eugen Langen）
设计的在柏林接近完成的
单轨交通。该系统将从
城市北部的格森布鲁能
（Gesundbrunnen） 运 行
到南部的瑞克斯多夫
（Rixdorf）。 首站到
末站的行程需要约
22 min。采用三
厢列车设计，其
单向载客量可达
每小时 7 500 人。
列车可增至六节车
厢以达到每小时
15 000 人的载
客量。

图片：詹姆斯·皮尔斯·福克斯（James Pierce Fox）收集

图片：詹姆斯·皮尔斯·福克斯（James Pierce Fox）收集

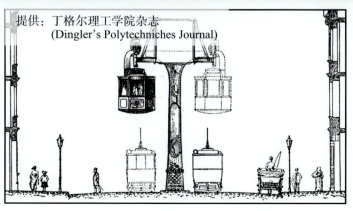

提供：丁格尔理工学院杂志
(Dingler's Polytechniches Journal)

▲ 三墩支撑的柏林空中单轨交通（Schwebebahn）轨
道，其原型建在布鲁能大街（Brunnerstrasse）上

◀ 柏林线采用独柱墩设计，不同于伍珀塔尔空中单轨
交通（Schwebebahn）的双柱墩设计

美国在悬轨发展上所做的努力

　　1901 年，伍珀塔尔的空中单轨交通（Schwebebahn）开通后，尤金·兰根（Eugen Langen）的设计不仅刺激了单轨交通在欧洲的提议和发展，而且还引起了美国推广者的遐想。1933—1934 年芝加哥世博会（Century of Progress Fair）前，有人提议在格兰特公园（Grant Park）和世博会会场之间修建一条 5.5 km 长的空中单轨交通（Schwebebahn），在世博会期间开通运营。但当时处于经济大萧条时期，由于获取资金困难，该条线路并没有建成。另一个未实施的提案是 1939—1940 年纽约世博会要建设的一条长 4.8 km 的双向悬轨系统，它不仅设置有贯穿整个展览会的车站，还与长岛铁路（Long Island Railroad）和地铁线路相连。

▼　美国人根据尤金·兰根（Eugen Langen）的设计而绘制的单轨交通效果图，流线型的列车，简洁的轨道和墩柱，提高了单轨交通的美感

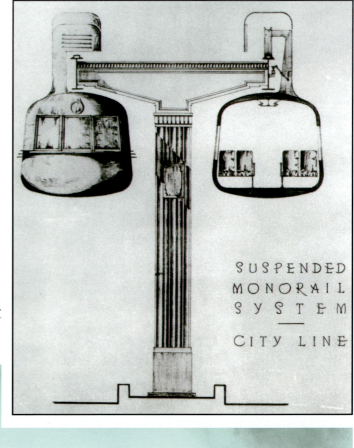

悬挂式单轨技术仍然在等待

绘制：吉布斯 & 希尔公司（Gibbs & Hill Inc.）

悬挂式单轨交通，在列车到达线路一端时面临一个如何转向的问题，因为从一根轨道梁与另一根轨道梁的交叉处转向是不可能的。在伍珀塔尔修建单轨之前，尤金·兰根（Eugen Langen）的一个设计解决了这个问题。使用底部开口轨道梁的悬挂式单轨交通，能够轻松地在轨道梁交叉处转向。在 20 世纪后期，人们会欣然接受这个设计。但在 20 世纪 40 年代，吉布斯和希尔公司（Gibbs & Hill Inc.）推出了几项技术，使业界的研究兴趣从空中单轨交通（Schwebebahn）的悬挂轨道转变到了底部开口箱梁单轨交通上。乔治·D. 罗伯茨（George D. Roberts）——被称作单轨先生的单轨推动者，促进了 20 世纪 40 年代到 20 世纪 60 年代美国、欧洲和南美洲的单轨设计。尽管从未实施，但这项技术至今仍然被人称颂。

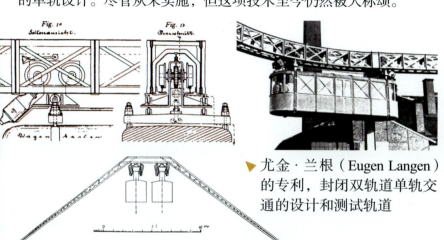

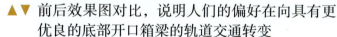

▶ 尤金·兰根（Eugen Langen）的专利，封闭双轨道单轨交通的设计和测试轨道

▲▼ 前后效果图对比，说明人们的偏好在向具有更优良的底部开口箱梁的轨道交通转变

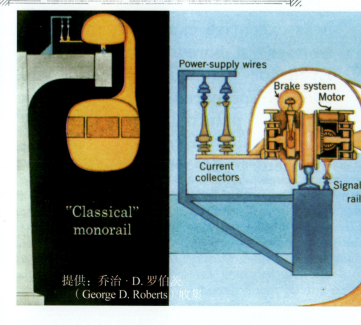

"Classical" monorail

Power-supply wires

Brake system
Motor

Current collectors

Signal rail

提供：乔治·D. 罗伯茨（George D. Roberts）收集

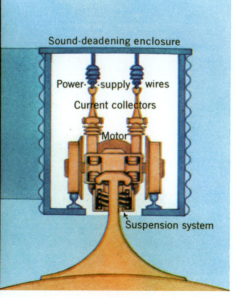

"Split-rail" monorail

Sound-deadening enclosure

Power-supply wires

Current collectors

Motor

Suspension system

旧金山（San Francisco）

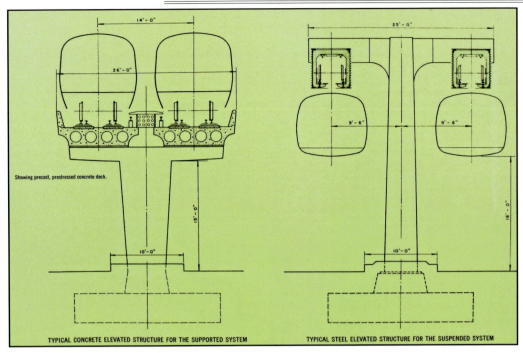

▲ 1955 年，旧金山快速交通委员会（San Francisco rapid transit commission）在一份报告中绘制出的高架传统铁路与底部开口箱梁单轨交通的对比图

乔治·D.罗伯茨（George D. Roberts）在 1946 年开始推广单轨。20 世纪 50 年代，他想要在旧金山推广单轨交通。受人尊重的建筑师 / 工程师公司的丹尼尔（Daniel）、曼（Mann）、约翰逊（Johnson）和门登霍尔（Mendenhall）的加入，提升了整个团队的水平，并对他的提案产生了相当大的影响。随着数千人移居到郊区发展，二战后的经济复苏已经全面启动。快速公交是一个热门话题，而单轨交通是解决日益增长的交通压力的首选方案。1955 年，工程和设计公司的帕森斯（Parsons）、布林克霍夫（Brinckerhoff）、霍尔（Hall）和麦克唐纳德（Macdonald）向海湾地区快速运输委员会（the Bay Area Rapid Transit Commission）提交了一份报告，对比了单轨交通和传统铁路的优劣。据罗伯茨说，由于《旧金山纪事报》对单轨及其技术的诽谤，单轨输给了地铁。因为当时报纸的出版商对一家大型的混凝土公司很感兴趣，如果地铁被选中，混凝土公司将大赚一笔。最终结果也确实如此。他们的努力成功地阻止了罗伯茨出售单轨公司的股票。

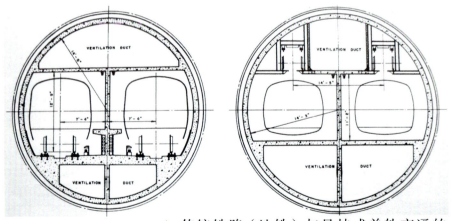

▲ 传统铁路（地铁）与悬挂式单轨交通的对比

▶ 在马林县（Marin County）退出为旧金山海湾（San Francisco bay）地区区域交通系统所做的努力之前，原计划是在金门大桥道路甲板下铺设轨道交通的

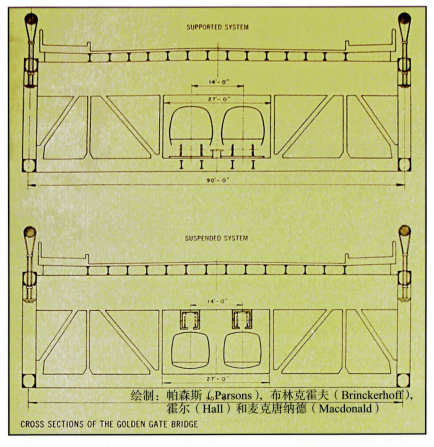

绘制：帕森斯（Parsons），布林克霍夫（Brinckerhoff），霍尔（Hall）和麦克唐纳德（Macdonald）

绘制：佩雷拉（Pereira）和拉克曼（Luckman）

▲ 为旧金山单轨交通提案设计的这座飞碟车站，可以说是最别出心裁的单轨效果图之一，很有太空时代和未来古吉（Googie）建筑的风貌

▶ 右图展示的是封闭双轨的钢轨单轨铁路，与 1955 年旧金山快速交通委员会的报告中所阐明的一样。然而，随着橡胶轮胎代替钢轮，法国赛飞机（Safege）系统随之也出现了类似的配置

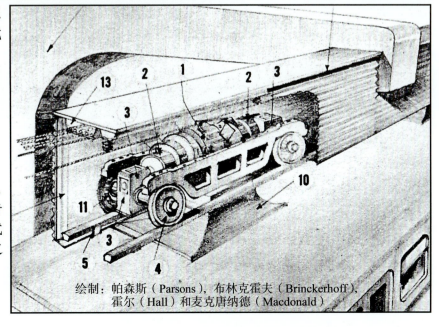

绘制：帕森斯（Parsons），布林克霍夫（Brinckerhoff），霍尔（Hall）和麦克唐纳德（Macdonald）

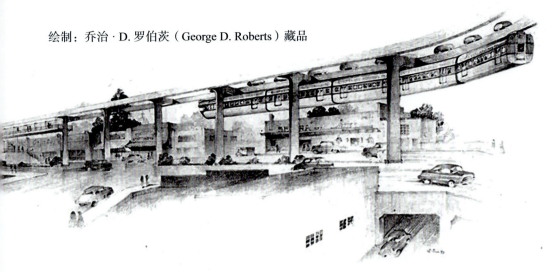

绘制：乔治·D. 罗伯茨（George D. Roberts）藏品

洛杉矶的单轨开端

1951 年，乔治·D. 罗伯茨（George D. Roberts）在洛杉矶市交通局（Metropolitan Transit Authority，MTA）的创建中发挥了重要作用，洛杉矶市交通局（MTA）被授权研究、建造和运行单轨交通，罗伯茨提出的单轨线路始于圣费尔南多谷（San Fernando Valley）的全景城（Panorama City），以长滩（Long Beach）为终点，贯穿了洛杉矶市区。五年内报纸的头版标题都涵盖了单轨交通。然而，多年的政治争吵却产生了相反的结果。用罗伯茨的话来说："单轨交通已成为一个政治足球。"在 20 世纪 50—60 年代，其他几个单轨公司的提案引起了新的混乱和争辩。尽管开始时洛杉矶市交通局是作为一个单轨代理处而成立的，但后来它逐渐发展成只为该地区寻求所谓的传统铁路解决方案。一个例子是洛杉矶到长滩线，其初始设计为单轨交通，但是最终却建设成了洛杉矶市交通局的蓝线轻轨。蓝线轻轨有美国铁路史上最严重的碰撞记录，自 1990 年开通以来，有 100 多个行人和司机死亡。令人难过的是，早在 1951 年，洛杉矶市交通局就已经在计划着建造一种无碰撞事故的单轨交通了。

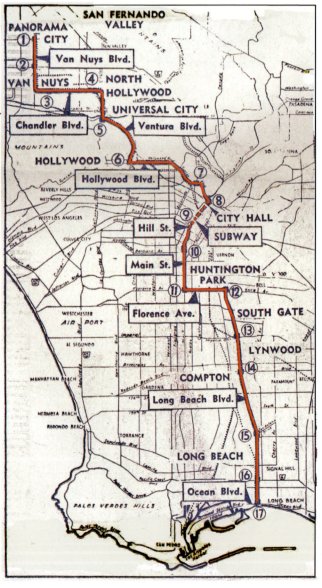

本页图片为洛杉矶规划的单轨艺术效果图和单轨地图，该单轨交通系统计划由洛杉矶市交通局建造和运营。最初的单轨交通设计方案类似于伍珀塔尔的空中单轨交通（Schwebebahn），后来设计演变为箱梁悬挂式单轨交通。

▶▼ 古德尔单轨交通公司（Goodell Monorail）提出的一条采用该公司在得克萨斯州证实可行的技术修建的从洛杉矶市中心到国际机场的单轨线。1963年，洛杉矶市交通局发布了一封计划修建4 000万美元的单轨交通的征求意见函。这项提议有附加条件，该公司需要获得通行权并有权对该线路进行后续研究

古德尔效果图：L.C. 米切尔 (L.C.Mitchell)

▼ 诺思罗普（Northrop）是著名的飞机和导弹制造商，他提议洛杉矶（LA）采用他们的陀螺仪滑行单轨交通。诺斯罗普的列车和轨道与其他悬挂式单轨交通相似，但是其特点是采用飞轮和发电机－电动机惯性驱动装置

洛克希德公司（Lockheed）建议洛杉矶采用他们公司的跨座式单轨轨道梁，该轨道梁为混凝土梁，在梁上部和两侧安装钢轨，列车由钢轮支撑和引导。

洛杉矶的阿尔维格

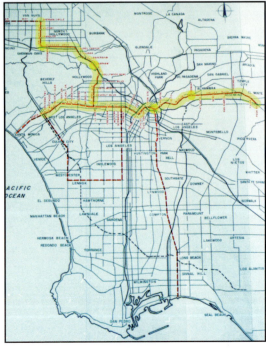

▶ 图中高亮的黄色部分是阿尔维格提案中建造的免费单轨交通。红线部分代表潜在延长线

阿尔维格提案是洛杉矶许多单轨提案中最著名、最令人惊喜的提案。1963 年，阿尔维格美国子公司向洛杉矶提交了一份建议，拟筹措资金修建一条 69 km 长的阿尔维格单轨交通线路，运营于圣费尔南多谷（San Fernando valley）、威尔希尔走廊（Wilshire corridor）、圣贝纳迪诺走廊（San Bernardino corridor）和洛杉矶市中心。这是一个工程总包方案，在该方案中，团队成员将共同承担风险，用融资的方式筹措工程建设款，并将运营系统移交给洛杉矶市交通局（MTA）。整个系统的建设费为 1.052 75 亿美元，拟用后期的运营收益支付。阿尔维格还同意做一项可行性研究。如果这份提案被采纳，该系统将扩展到整个洛杉矶地区。但是洛杉矶地区的主管却拒绝了该项不花费纳税人钱款的提案，几十年以后，该提案中的部分线路修建了地铁，当然也耗费了纳税人数十亿美元。

从图中建筑可以看出太空时代已经来临了。这些奇幻的效果图是阿尔维格公司制作的，图中采用了广受欢迎的西雅图世界博览会上的试验线单轨车造型，展示的是位于洛杉矶街道上方的露天车站。

全球范围的阿尔维格

　　包括洛杉矶在内，阿尔维格股份有限公司在 20 世纪 50 年代和 60 年代初做了大量的单轨交通提案，尽管提案比其他任何时期都多，但是大多数都没有被采纳。阿尔维格曾为包括科隆、法兰克福、墨西哥城、圣保罗、不列颠哥伦比亚、汉堡、都灵、洛杉矶、旧金山、底特律、伦敦、维也纳、特拉维夫 – 耶路撒冷在内的许多城市作了许多知名提案。该公司在运营期间唯一修建的阿尔维格系统是东京 – 羽田线，这条线路是日立公司在获得技术授权后完成的。阿尔维格公司的命运随着其创始人阿克赛尔·L. 温纳 – 格伦（Axel L. Wenner-Gren）在 1961 年 11 月去世而衰落了。1962 年克虏伯公司（Krupp Corporation）兼并了阿尔维格公司，之后阿尔维格继续萎缩并于 1967 年破产。尽管如此，阿尔维格技术仍然引领着当今的全球单轨技术的潮流。日本也在继续修建基于阿尔维格技术的单轨交通。除日本之外，日立公司已经把阿尔维格技术出售给了中国、新加坡、阿拉伯联合酋长国和韩国。马来西亚对西雅图阿尔维格系统进行了逆向工程，并中标了马来西亚、印度和巴西的多个项目。具有讽刺意味的是，巴西的圣保罗市是阿尔维格早期的目标城市之一，后来也采用阿尔维格技术修建了几条线路，第一条是由庞巴迪运输公司（Bombardier Transportation）修建的，第二条和第三条圣保罗线是由史格米工程公司（Scomi Engineering）修建的。

20 世纪 50 年代的阿尔维格式单轨交通效果图。

 芝加哥的阿尔维格式单轨交通效果图

在法兰克福机场，乘客从列车的一侧取出行李。

▲ 赫尔曼布莱克（Hermann Blick）是阿尔维格模型制造商，上图展示的是该公司建造的穿越德国科隆维也纳广场的精致的单轨交通模型

◀ 1957年，阿尔维格（Alweg）作为一种交通模式曾短暂地被圣保罗市选中。50多年后，这个城市再次拥抱了单轨交通。这一次实际上修建了几条阿尔维格线

▼ 马里奥帕尼建筑公司（Mario Pani's architectural firm）提出的墨西哥蒂华纳（Tijuana）车站概念设计图

绘制：R. 里瓦斯·C.（R. Rivas C.）

▲ 对阿尔维格（Alweg）来说，城市设施不是唯一的目标。这张图片展示了在特拉维夫市到耶路撒冷之间修建70 km长阿尔维格单轨交通前后的情况对比

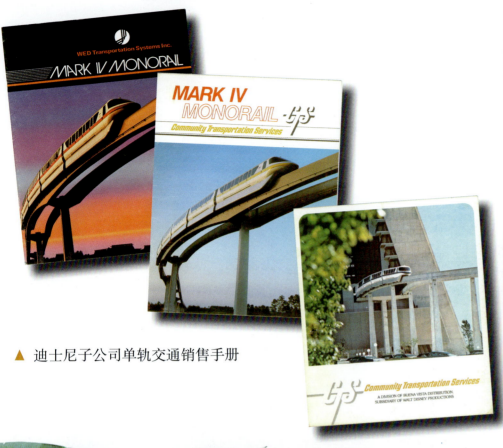

▲ 迪士尼子公司单轨交通销售手册

MARK Ⅳ 照片：作者（Author）
天际线照片：伊斯托克（iStock）

艺术作品：无敌电气（Wegematic）公司

▲ 在成立自己的运输子公司之前，沃尔特迪士尼公司（Walt Disney Company）计划为 1964—1965 年纽约世博会修建一条 3.8 km 长的环形单轨交通，但是最后修建成的却是一个 AMF 悬挂式工字梁单轨交通系统（见第 72 页）

迪士尼公司的阿尔维格

迪士尼通过阿尔维格单轨获得了很多的关注。沃尔特·迪士尼（Walt Disney）很善于向决策者们展示他的单轨列车。1966 年沃尔特·迪士尼去世后，他的公司仍然收到很多咨询。1974 年，迪士尼推出了社区交通服务（community transportation services，CTS）公司，此举是在回应大量来自于城市、机场和购物中心对公司单轨列车和旅客捷运系统（WED way People Move）的要求。CTS 公司为单轨运输系统发展的各个阶段，包括规划、设计、项目管理、运营和维护等提供技术支持。1982 年，CTS 更名为 WED 交通系统。该公司从来没有销售过任何单轨交通产品，但是确实为休斯敦洲际机场和美国议会地铁提供了双轨捷运系统。后来，迪士尼公司向加拿大庞巴迪授权了它的单轨交通系统。1987 年，庞巴迪获得了它的第一个修建单轨的合同——为沃尔特迪士尼世界乐园提供 Mark Ⅳ 列车。

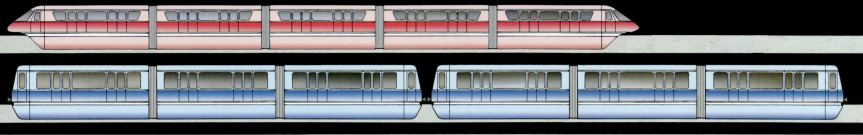

▲ CTS 和后期更名为 WED 交通系统的迪士尼单轨交通公司，提供的单轨列车比庞巴迪的 Mark Ⅳ要大，包括长鼻模型 952S 和短鼻模型 1134DC

► 迪士尼的运输子公司提供从小型移动系统到大容量线路单轨的一切产品。20 世纪 70 年代设计的承载 6 人的车辆能够与当今正在推广的许多 PRT 系统的规格相匹配

提供：作者（Author）

▼ 大型模块化单轨车辆也是迪士尼旅客捷运系统产品的一部分，包括下图中这辆 811 模型

照片：帕维尔·什雷科夫（Pavel Shlykov）/Dreamstime 网站

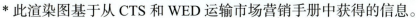

* 此渲染图基于从 CTS 和 WED 运输市场营销手册中获得的信息。

全球的赛飞机（Safege）

当竞争对手阿尔维格推广他们的跨座式单轨系统时，赛飞机（Safege）也大力地推广了他们的悬挂式单轨系统。最初，赛飞机主要致力于巴黎地区见效快的线路，一部分在利夫里—加尔冈（Livry-Gargan）和克里希—苏斯—博伊斯（Clichy sous Bois）之间，另一部分在沙朗通（Charenton）与科瑞特尔（Criteil）之间。这些线路都没有建成，也没有为英国、比利时、西班牙、意大利、苏联、南非和澳大利亚规划线路。美国机械制造商（AMF）购买了赛飞机（Safege）在美国的授权，并在 1964—1965 年纽约世博会上展示了一种工字梁悬挂单轨，进而向美国许多城市销售了运力更大的赛飞机（Safege）设计方案。美国军方希望在越南修建装船的赛飞机系统，AMF 拒绝了军方的这一要求，因为他们相信战争很快就结束了。1967 年年初，通用电气（GE）从 AMF 获得了在美国的赛飞机授权，建议在旧金山和檀香山市修建赛飞机单轨。几年以后，GE 停止了该项推广。在日本，三菱公司在名古屋东山动物园内修建了一条赛飞机示范线，这是世界上首条创收的赛飞机线路。三菱公司使用该技术陆续在湘南修建了通勤路线，在千叶市修建了世界上最长的赛飞机系统。

▲ 一幅有关英国伦敦哈默斯密斯 (Hammersmith) 圣保罗教堂边上子弹形赛飞机列车的艺术家想象图

▲ 艺术图片中，一辆赛飞机列车跨越比利时列日市的欧格瑞（Ougrée）桥

▲ 很多人认为机场的连接线是修建赛飞机（Safege）式单轨的理想地方，正如照片上弗吉尼亚州杜勒斯机场的效果图。芝加哥、旧金山、巴尔的摩、坦帕和伦敦也建议为机场连接线修建赛飞机（Safege）式单轨

▲▲ 据说，前苏联共产党中央委员会第一书记尼基塔·赫鲁晓夫认为赛飞机（Safege）式单轨是莫斯科最好的运输技术，但是只有苏联建成了这个赛飞机式单轨原型，并且发行了一张单轨交通邮票

▲ 此为艺术家想象中的从得克萨斯州埃尔帕索（El Paso, Texas）列车站驶来的赛飞机列车效果图

空轨（H-Bahn）

西门子（Siemens）在多特蒙德和杜塞尔多夫成功建成了空轨（H-Bahn），但是该公司在德国埃朗根（Erlangen）和其他城市修建空轨的建议均没有得到实施。2007年，西门子停止了空轨的市场化进程，但是对这项技术仍然感兴趣。

加拿大温哥华

在20世纪70年代，美国工程师安森·S.比尔格（Anson S. Bilger）〔比尔格单轨国际公司（Bilger Monorail International）〕建议在温哥华滨海站与机场之间修建单轨交通。他的这项预算为3 500万美元的单轨交通计划是伍珀塔尔（Wuppertal）悬挂式单轨交通（Schwebebahn）的升级版。

洛杉矶地区还在尝试

尽管20世纪40年代到60年代，修建单轨交通的尝试都失败了，但是单轨交通在南加利福尼亚州仍然是一个受欢迎的交通候选方案。项目建议书不断地被提出，以获得财政支持，最后都失败了。到目前为止，来自该地区的唯一的单轨交通成为好莱坞大荧幕上的单轨创作源泉。现在洛杉矶地区仍然在继续尝试修建单轨交通。

▲ 麦克唐纳道格拉斯地产（McDonnell Douglas Realty）资助的一项22 km长的欧文单轨交通系统（Irvine Monorail System）的第一站。该项目获得了时任市长拉里·阿格兰（Larry Agran）的支持，它起初计划将周边办公楼与约翰·韦恩机场（John Wayne Airport）连接起来。第一段路线获得私人开发奖励基金的资助后，计划在更大规模上修建全县范围的单轨交通，并得到很多城市的支持。欧文（Irvine）最终决定将单轨交通基金投向全县系统。但奥兰治县（Orange County）更偏爱轻轨系统，但所有这些提议最终都没能实现

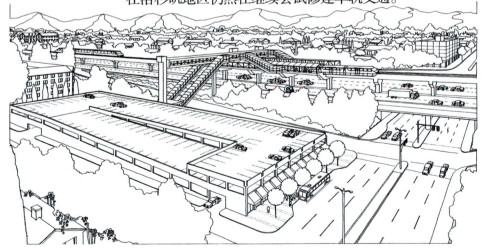

在1990年，洛杉矶居民对在圣费尔南多谷（San Fernando valley）修建单轨交通还是修建其他形式交通进行公民投票，支持单轨交通人数与支持其他交通人数的比值为5:1。在一份可行性研究报告中，建议在文图拉（Ventura）高速公路中心线的下行线修建单轨交通。然而，洛杉矶市交通局（MTA）却在此修建了一条易出事故的快速公交系统。

洛杉矶地区还在尝试

► 1990 年，金斯勒及联合公司（Gensler and Associates/Architects）针对伯班克（Burbank）市交通问题提出了一个城市支持系统可行性研究报告。该报告建议修建单轨交通，将该市的三大就业与运输中心连接起来，该系统称为伯班克单轨连接（Burbank Metrolink）。伯班克单轨连接全长 22 km，在环球城、媒体区、伯班克中心、黄金州地区和伯班克机场设站。研究表明，单轨连接（Metrolink）的成本将低于同类导轨系统，采用双线系统，每公里的造价大约 1 500 万美元。成本、运营和维修的资金来源于所有从系统中受益的人，包括城市、沿线潜在项目的开发商，以及当地的商人、业主、居民和商业区员工。其他资金可能来自于洛杉矶县、洛杉矶市和伯班克机场、周边地区、加利福尼亚州和联邦政府。和其他可行性研究报告一样，这份报告最终也只是被存档，未能成功实施

► 阿纳海姆市计划建造一个设有高速列车站的大型交通枢纽，该项目于 2007 年开始启动，被称为阿纳海姆快速连接（Anaheim Rapid Connection，ARC）。经过多年调研，对 ARC 的公共宣传和规划工作于 2012 年停止了，因为政客们声称这条 5.6 km 长的五站系统将花费高达 7 亿美元的资金

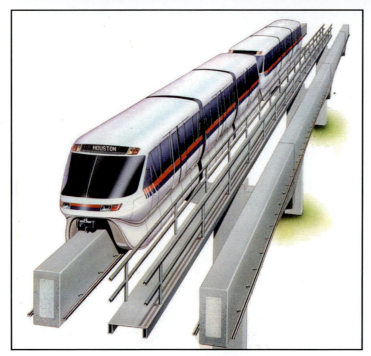

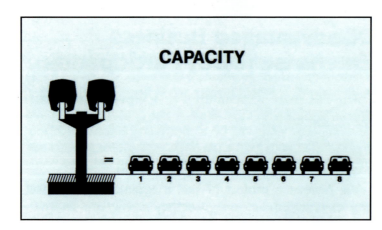

CAPACITY

= 1 2 3 4 5 6 7 8

得克萨斯州休斯敦

1991 年 3 月 28 日，休斯敦的都市交通管理局（Houston's metropolitan transit authority，METRO）投票决定修建一个美国最先进的城市单轨交通系统。休斯敦的单轨交通团队将支持这个系统，团队成员包括吉维特建设集团（Kiewit Construction Group）和庞巴迪（Bombardier）。最初的双线系统长 32 km，设 21 个车站，线路从休斯敦市区延伸到城市的西南部和西部。单轨交通得到时任市长凯斯琳·J. 惠特麦（Kathryn J. Whitmire）的支持。市长对单轨交通的批准引发了无休止的、极端的政治反对运动，人们对单轨交通技术和所谓的商业不当行为的质疑占据报纸头条长达数月之久。鲍伯·兰尼尔（Bob Lanier）是一位单轨批评家，在那年年底他竞选市长，承诺如果他当选市长将取消单轨交通项目。他赢得了选举，真的取消了单轨交通项目。休斯敦单轨交通项目在初期工程即将开始的时候被取消了。几年后，休斯敦重新启动轨道项目，但是它修建的是地面轻轨，不是单轨交通，并且很快将轻轨命名为惠姆巴姆（Wham Bam）有轨电车。正如所预见的，汽车和电车之间的混乱状态成为常态。休斯敦有轨电车（METRO Rail）平均每年每轨道公里发生七起碰撞事故。说到这个问题频出的系统，休斯敦纪事报引用当时的前任市长鲍伯·拉尼尔（Bob Lanier）的说法："1991 年在休斯敦修建单轨交通或许不是正确的选择，但休斯敦或许值得再次尝试单轨交通项目。正因为如此，我没有反对单轨交通，我不排除任何东西。"

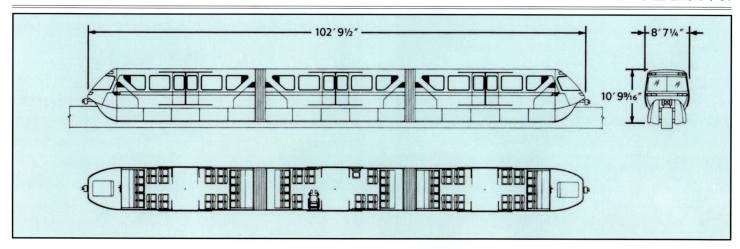

效果图：庞巴迪运输系统

▲ 庞巴迪 M Ⅵ 的三节车厢。这是一辆基于沃尔特迪士尼世界度假村（Walt Disney World Resort）当时最新的 Mark Ⅵ 产品设计的。如果被制造出来，它将成为庞巴迪第一个大型城市单轨列车。该单轨列车巡航速度高达 88 km/h，乘坐该列车从西部地区到市中心只需要 25 min。三厢列车只需要站台长度的 2/3 用于初始操作。随着扩建，在高峰时段它的最大单向运客量可以达到 24 000 人 / 时。列车采用自动耦合器，可以自动精确地连接多个车厢，因此列车长度可以根据运输需求在一天中变化

▶ 休斯敦市 M Ⅵ 车厢的内部。在休斯敦错失修建单轨交通的时机之后，修建的第一条 M Ⅵ 单轨系统是拉斯韦加斯单轨交通

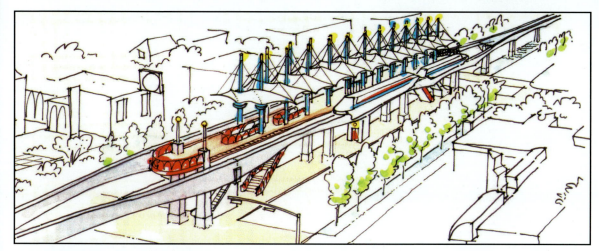

▲ 休斯敦露天车站的构思图

提供：荷兰单轨（Holland Monorail）

荷兰莱茵河畔阿尔芬（Alphen aan de Rign，Netherlands）

　　1996 年，荷兰单轨交通公司获得合同授权，在阿彻生活博物馆（Archeon Living Museum）和莱茵河畔阿尔芬列车站（Alphen aan de Rign rail station）之间修建 1 km 长的短程往返单轨交通。该公司是赫林贝亨莱茵河畔阿尔芬（Grimbergn Alphen aan de Rign）和霍兰迪亚克罗斯（Hollandin Kloos）的合资企业。荷兰单轨交通技术与西门子的空轨技术相似，但是架线塔采用轨道穿过塔柱孔的独特设计。线路从车站离开后，沿着运河延伸，通过多层居民区，到达公园。该系统计划于 1998 年开通，但是当地居民的投诉成功地拖延了该项目办理建筑许可证的程序，并导致该项目的建筑许可证最终被取消。在荷兰单轨交通项目失败之前，单轨交通公司曾就修建单轨交通项目问题与其他城市和史基浦国际机场（Schipol International Airport）的官员进行过讨论。

美国肯塔基州北部

　　1997 年，在由许多地区领导人工作组编写的一份报告中，对北肯塔基（Northern Kentucky）和俄亥俄州辛辛那提（Cincinnati, Ohio）的未来蓝图进行了探索，经济恢复、更好的管理、更好的住房、更好的教育和更好的旅游目的地都在构思之中。最受关注和最具争议的想法就是在辛辛那提和辛辛那提－北肯塔基机场之间修建一个高速单轨交通系统。空轨开发公司（Aerorail Development Corporation）总裁布赖恩特·皮特·特雷纳里（Bryant Pete Trenary），建议采用类似于赛飞机（Safege）的技术融资修建，建成后将该条长 53 km 的高速钢结构单轨交通系统移交给政府。这项提议被拒绝了，因为它是一条单轨交通。

提供：空轨开发公司 (Aerorail Development Corporation)

美国科罗拉多州

科罗拉多山间定型轨道管理局（Colorado Intermountain Fixed Guideway Authority，CIFGA）成立于 1998 年，负责从丹佛（Denver）到格伦伍德温泉（Glenwood Springs）之间的拥塞的 I-70 走廊沿线的五个县的交通管理。CIFGA 建议在丹佛国际机场到韦尔（Vail）附近伊格尔县机场（Eagle County Airport）258 km 长的线路上修建一条以高达 160 km/h 的速度运行的倒 T 形单轨交通线路。单轨交通的成本与在该线路上新建两条高速公路的费用相当。州长比尔·欧文斯（Bill Owens）指责该项目为"迪士尼乐园骑乘设施"，这成功挫败了一个在 2001 年花 5 000 万美元修建一条测试轨道的选民倡议。如果得以修建，CIFGA 则有希望向科罗拉多州以外输出该技术。

提供：美国科罗拉多山间定型轨道管理局 (CIFGA)

佛罗里达州皮内拉斯县（Pinellas County，Florida）

克利尔沃特 / 圣彼得斯堡（Clearwater/St. Petersburg）地区的交通已经拥堵、混乱几十年了。自 20 世纪 80 年代以来，该地区已经几次尝试修建单轨交通，最值得关注的是派恩拉斯县城市规划组织（Pinellas County Metropolitan Planning Organization，MPO）牵头的一次尝试，该尝试被认为是派恩拉斯移动计划。经过几年研究之后，2005 年，MPO 投票支持修建一条长 61 km 的单轨交通的计划，该计划从修建一条长 3.2 km 的示范线开始。调研发现，这条连接克利尔沃特（Clearwater）和克利尔沃特海岸（Clearwater Beach）的示范线每年可以吸引 360 万名乘客。2006 年，MPO 逆转了该进程，停止向任何轨道交通提供资金支持。克利尔沃特市长弗兰克·赫巴德（Frank Hibbard）说："很遗憾，所有这些修建单轨交通的计划将要再搁置 10～15 年时间，直到这种痛苦不再折磨人，我们没有其他解决办法，因为价格已经长了 3 倍，最后我们只能认输。"

绘制：克劳福德股份有限公司（Grimail Crawford Inc.）

华盛顿西雅图

　　受困于交通拥堵，西雅图市民迪克·法尔肯布里（Dick Falkenbury），关注那条 1962 年修建的 1.5 km 长的无障碍阿尔维格（Alweg）式单轨交通良久，提议"延长该单轨交通"。这是一次令人兴奋的草根尝试，并且取得了成功，并在四次独立的选举投票中，扩大西雅图单轨交通系统的提议得到支持。2002 年，成立了西雅图大众单轨管理局（Seattle Popular Monorail Authority，SPMA），负责最初的 22.5 km 长单轨线路的设计与建造。这条绿色线路从西雅图西部穿过市中心到皇冠山。经过一个漫长的闭门谈判过程，SPMA 与唯一投标人卡斯卡迪亚单轨交通公司（Cascadia Monorail Company）签订了合同。卡斯卡迪亚的团队包括日立公司，西雅图成为该公司在西半球修建第一条单轨交通的地方。庞巴迪团队单轨因为 RFP 的债务问题而提前退出竞争。项目一开始就受到了来自于市区的大企业、沿线居民和轻轨支持者们直言不讳的批评。当卡迪卡地亚透露其融资计划需要在 50 年内支付 90 亿美元的利息时，呼吁停止该项目的声音更大了。格雷格·尼克斯（Greg Nickels）市长对单轨交通项目不置可否，他收回了对该项目的支持，正如市议会和该市两家主要报纸一样。2005 年 11 月，举行了史无前例的第五次投票，反对者最终赢得了胜利，西雅图单轨交通项目终止了。在该项目失败后的几年里，中国重庆修建了世界上最大规模的单轨交通系统。颇具讽刺意味的是，重庆是西雅图的友好城市。

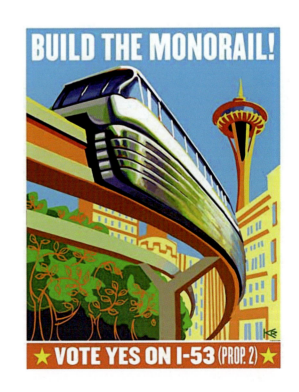

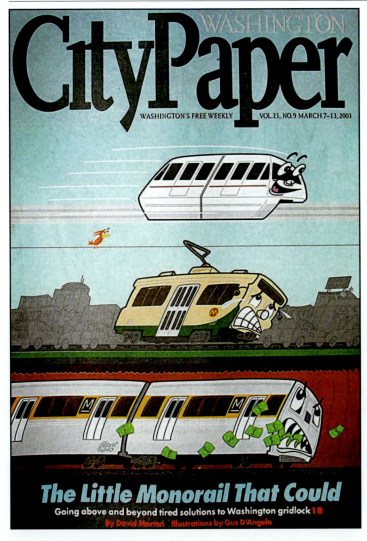

▲ 本应该穿越西雅图市中心的日立列车

插图：格斯·丹吉洛／华盛顿报 (Gus D'Angelo/Washington City Paper)

▲ 西雅图西部的一个绿色线路车站设计图

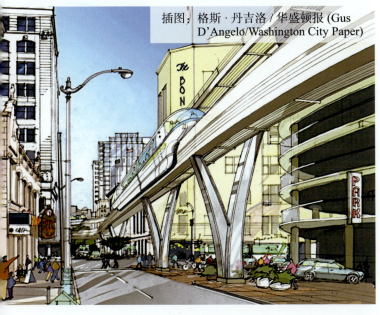

◀ 西雅图单轨交通项目最初的效果图包括独特而时尚的双层"彩虹"桥墩，但最终的设计变得过于笨重和充满争议。"彩虹"桥墩被迫从计划中取消了

插图：西雅图周报 (Seattle Weekly)

加拿大尼亚加拉大瀑布

　　几十年来，尼亚加拉大瀑布（Niagara Falls）社区一直致力于建立一个单轨交通系统。首个在美国大瀑布地区推广单轨交通概念的公司是20世纪50年代的古德尔单轨交通公司（Goodell Monorail），但该公司的提案失败了。在20世纪80年代后期，加拿大尼亚加拉大瀑布地区进行了一次单轨尝试。因为前往该地区的游客呈爆发式的增长，而且研究表明游客仍将进一步增长。单轨似乎是将游客运送到这个地区的一种合理的途径，还不需要向当地街区征税。数百万美元花在了研究和获得修建该系统的用地上，但努力未果，该项目在2009年被取消了。

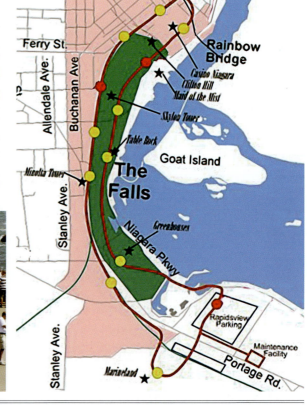

图片：Filtv/Dreamstime 网站

马来西亚布城（Putrajaya，Malaysia）

　　布城的地铁隧道建于城市主干道下面的闲置空间中。布城建立了一个多模式的有轨道进出的布城中央车站（Putrajaya Sentral Station），而且建成了一座通往海岸线的大跨度悬索桥，桥上铺设有单轨交通轨道。为马来西亚新首都修建的这条双线单轨系统运作良好，但是在2004年停建了。据说随着该市人口的增长，布城的单轨项目将恢复建设。

图片：作者（Author）

印度尼西亚雅加达

如果有一个项目由于反复的启动、停止而获奖的话，雅加达单轨可能获此大奖。从 2004 年开始，该项目已经多次与不同企业签订合同，但是财务困境和政治原因使每次努力都失败了。迄今为止，90 根废弃的混凝土墩柱是该项目唯一可见的成就。

提供：PT 雅加达市（Jakarta）单轨交通

提供：麦特轨道公司
(Metrail AG)

阿拉伯城，阿拉伯联合酋长国（City of Arabia，UAE）

2008 年麦特轨道公司（Metrail AG）获得了阿拉伯城修建一条单轨交通的合同。这是麦特轨道公司获得的首个开创性的混合动力单轨技术的合同。2009 年，房地产泡沫破裂引爆了阿联酋项目，许多项目停止了，包括阿拉伯城及其单轨系统。

伊朗德黑兰

2002 年，德黑兰市市长马哈茂德·艾哈迈迪内贾德（Mahmoud Ahmadinejad）宣布启动伊朗的城市单轨项目，但从一开始，反对者的声音就困扰着单轨项目，反对者关心成本并担心伊朗是否具有修建单轨的必要技术。2004 年 3 月，第一条 6 km 长共 6 个车站的单轨交通项目启动了，但是修建该线路的资金没有获得国家批准。2007 年，马哈茂德·艾哈迈迪–内贾德（Mahmoud Ahmadinejad）成为伊朗总统，他直接批准了修建单轨系统的资金，但是德黑兰市新任市长不支持修建单轨交通，对该项目造成了进一步的不利影响。2009 年，该项目在仅仅完成 3% 的工程的情况下被取消了。

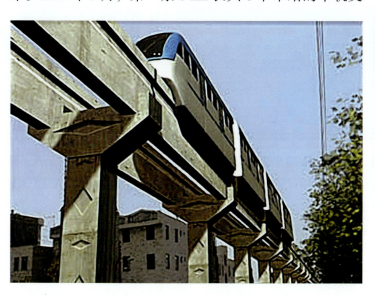

▲ 短命的德黑兰单轨施工现场

◀◀ 德黑兰单轨预期效果图

图片：雪莉·艾伦（Shirley Allen）

| 1959 年开始运营 |
| 1961 年开通延长线 |
| 4 km（2.5 英里） |
| 2 站 |
| 单轨环路 |

迪士尼乐园的单轨列车
美国加利福尼亚州阿纳海姆市

　　在迪士尼乐园规划的早期，沃尔特·迪士尼设想在"明日世界"（Tomorrowland）中修建一个充满未来感的单轨列车游乐项目。他 1958 年在欧洲度假期间，参观了德国菲林根（Fühlingen）的阿尔维格测试设备。这给迪士尼留下了深刻的印象，并且他很快与阿尔维格达成协议。为了与"明日世界"的规模相适应，迪士尼设计师修改了阿尔维格系统，并于 1959 年 6 月 14 日开通了相当于原尺寸 5/8 大小的阿尔维格单轨交通。在开通后的第一年，单轨列车游乐项目是迪士尼乐园最受欢迎的项目，也是人们谈论迪士尼乐园的主要话题。数百万电视观众第一次在沃尔特的星期天节目中看到了单轨列车，并相信将来它可以用于交通运输。1961 年，迪士尼乐园增加了一条延长线，以连接附近的迪士尼乐园酒店。迪士尼修建单轨交通是为了推动它成为未来的交通方式，但是它却被人们定型为一种游乐园里的骑行项目。半个多世纪以后，单轨交通仍每天在迪士尼中心和"明日世界"之间运送成千上万的游客。超过 10 亿迪士尼乐园的游客享受过这种美好的乘坐体验。

图片：作者（Author）

图片：作者（Author）

► 进入"明日世界"之前,单轨列车需要驶过与南部港口林荫大道(South Harbor Boulevard)紧邻并平行的轨道,此处我们在驾驶室里可以看到右图所示的风景

图片:作者(Author)

沃尔特·迪士尼想让单轨列车不断扭转、翻转,使游客获得激动人心的乘坐体验,这对系统工程师和设计师都是个挑战。

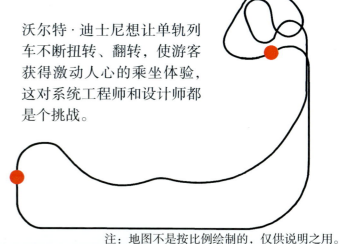

注:地图不是按比例绘制的,仅供说明之用。

1961年,该条单轨延长线为迪士尼乐园提供了一个机会:宣传首个日常运营的穿越美国主干道(西大街,现在命名为迪士尼乐园快车道)的单轨交通。

图片:詹姆斯·霍尔卡(James Horecka)

红色单轨列车穿过迪士尼加利福尼亚冒险乐园（Disney California Adventure）。从 1961 年到 1998 年，这段轨道铺设在停车场的上方。2001 年 2 月，迪士尼开放了他们的第二个公园——阿纳海姆公园。目前，这段轨道穿梭在公园丛林之中，并延伸至市中心迪士尼站路上的一个新的迪士尼格兰特加州旅馆（Grand Californian Hotel）和水疗中心（Spa）。

图片：作者（Author）

如果您站在迪士尼乐园合适的位置，那么就有可能近距离观看到高轨列车的底盘。当您看着它们通过时甚至可能听到唰唰的声音。

图片：作者（Author）

图片：作者（Author）

1962 年开始运营
1.5 km（1 英里）
2 站
双轨往返线

西雅图中心的单轨列车
美国华盛顿

当阿尔维格单轨列车在西雅图名为"21 世纪博览会"的世博会开幕式上亮相时，西雅图阿尔维格（Alweg）单轨交通和太空针塔成为世界博览会的两大标志。在 6 个月的博览会期间，单轨列车穿梭于市中心和世博会会场之间，往返运送了八百多万名乘客。阿尔维格公司花费了 350 万美元修建了这条 1.5 km 长的线路，以此作为该技术吸引眼球的示范项目。该项目仅仅用了 8 个月的时间就建成了。在世博会期间的售票收入可轻松支付整个系统成本。现在，该单轨交通归西雅图市所有，由私人承包商——西雅图单轨交通服务公司（Seattle Monorail Services）运营。这条线路具有历史意义，该线路的显著特征为拥有世界上唯一存在的由阿尔维格有限公司（Alweg GmbH）制造的列车，每列列车可以载 450 名乘客，每年运送乘客约 200 万人。由于单轨交通的维修和运营成本低，因此它成为美国境内少有的盈利交通轨道线之一，而且它不需要使用纳税人的税金，所有运营成本和该市从单轨交通获得的利润都是通过车票销售产生的。2012 年，西雅图庆祝单轨交通运行 50 周年。西雅图中心的这个单轨交通系统留下的宝贵财富在于使美国以外的很多国家注意到了这项技术，并且利用这项技术。近年来，阿尔维格型建设项目在全球范围内有所增加，这一切都可追溯到西雅图标志性的单轨交通。

图片：作者（Author）

2012 年，西雅图单轨交通五十周年纪念日上，单轨协会（The Monorail Society）授予其第一个历史性的里程碑牌匾。

图片：作者（Author）

图片：作者（Author）

自 1962 年以来，每列列车已经行驶了 100 多万英里。列车以 72 km/h 的速度运行，但如果存在更长的轨道，设计速度可达 137 km/h。

西雅图中心的蓝色列车。

图片：作者（Author）

沃尔特迪士尼乐园单轨交通（Walt Disney World Monorail）
美国佛罗里达州布埃纳维斯塔湖（Lake Buena Vista）

1971 年开始运营
1982 年线路扩展
23.6 km (14.7 英里）
6 站
双线环路
单线环路

借助迪士尼乐园三代单轨列车的经验，1971 年迪士尼设计的更大的 Mark Ⅳ 列车开始在迪士尼第二主题公园度假村投入运营。双线环路环绕七大海洋环礁湖，建有售票厅、运输中心、迪士尼当代度假酒店、魔幻国王主题公园、迪士尼波利尼西亚度假胜地和迪士尼格兰特佛罗里达度假胜地（1998 年新增）等车站。当 1982 年"未来世界"（Epcot）主题公园开放时，迪士尼公司把单轨线路延伸到了该公园。"未来世界"环线在 TTC 站与未来世界站之间运营。沃尔特迪士尼乐园单轨系统的独特之处在于线路通过无人居住的森林地区，为游客提供可欣赏自然风光的骑乘体验。1989 年，该系统已经运行了近 1000 万英里，在每天 18 h 的运营中，可靠性达到了 99.9%，这个时候也该对原来马丁·玛丽埃塔/迪士尼 Mark Ⅳs（Martin Marietta/Disney Mark Ⅳs）列车进行更换了。庞巴迪（Bombardier）获得了沃尔特迪士尼公司对这项技术的授权营销，提供了 12 列新车。Mark Ⅵ 型列车比较高，是首辆可以容纳站立乘客的迪士尼单轨列车。沃尔特迪士尼世界度假村单轨系统每年运送游客达 5 000 万人，这是世界上单轨交通最高载客数字之一。沃尔特·迪士尼 1966 年首次在电视上介绍沃尔特迪士尼世界乐园计划时，规划蓝图中单轨交通几乎可以到达乐园中的所有重要地点。

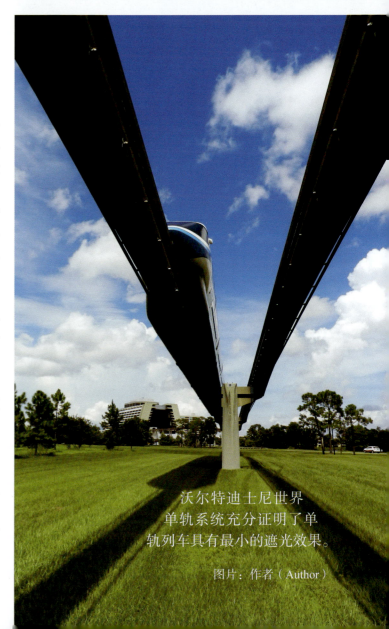

沃尔特迪士尼世界单轨系统充分证明了单轨列车具有最小的遮光效果。

图片：基思·沃尔斯 (Keith Walls)

▲ 沃尔特迪士尼世界单轨系统是首次采用优美的拱形轨道的系统。1971 年建成的第一条轨道由 ABAM 工程师有限公司（ABAM Engineers，Inc.）设计，由华盛顿塔科马混凝土技术有限公司（Concrete Technology Corp.）建造，该轨道跨过原野，连通佛罗里达

▲ 庞巴迪 Mark Ⅵ 列车的内部

图片：作者（Author）

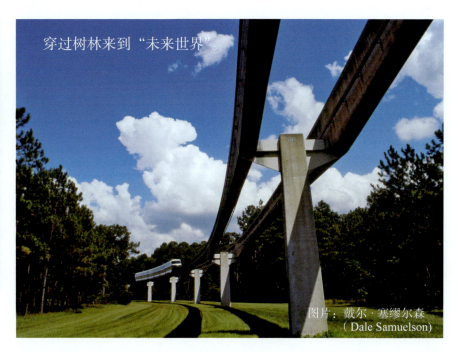

穿过树林来到"未来世界"。

图片：戴尔·塞缪尔森
（Dale Samuelson）

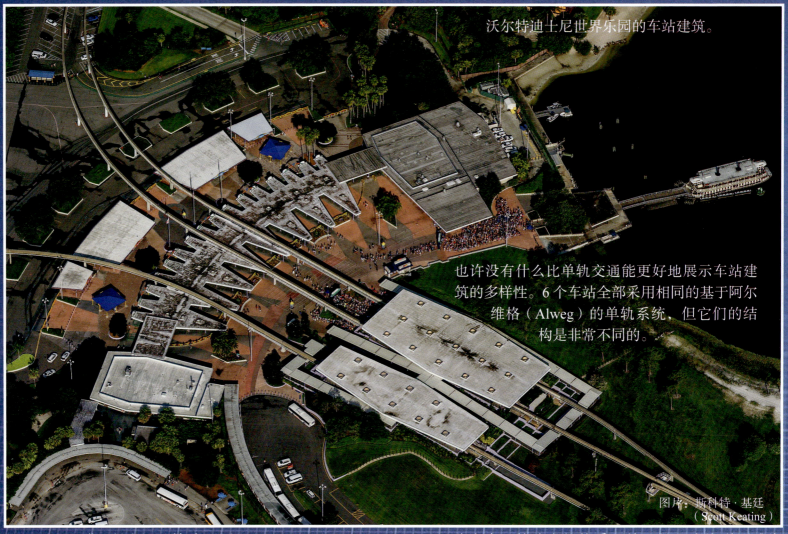

沃尔特迪士尼世界乐园的车站建筑。

也许没有什么比单轨交通能更好地展示车站建筑的多样性。6个车站全部采用相同的基于阿尔维格（Alweg）的单轨系统，但它们的结构是非常不同的。

图片：斯科特·基廷（Scott Keating）

▲ 售票厅和运输中心（The Ticket and Transportation Center，TTC）站每周高效地接待成千上万的乘客。这种多模式车站使得乘客可以在停车场有轨电车、公交车、轮渡之间换乘，并且是七大海洋环礁湖（Seven Seas Lagoon）环路和未来世界（Epcot）环路（底部较窄的站段，单线环路）的换乘站点

魔幻王国站（Magic Kingdom Station）采用20世纪早期的建筑风格，与周围主街道的建筑风格一致。TTC和魔幻王国站两者都是地面站，坐落在低矮的人造山丘上。

图片：作者（Author）

► 在波利尼西亚度假村站可看到 1971 年开业的提基风格度假胜地的影子，酒店结构相当简单，单轨交通与酒店很好地融为一体

图片：作者（Author）

► 大规模的 A 形框架的迪士尼当代度假酒店，拥有世界上最引人注目的单轨车站。单轨列车爬升近 20 m 进入位于巨大的大峡谷广场内的第五层车站平台

图片：基思·沃尔斯（Keith Walls）

► 未来世界（Epcot）站是迪士尼单轨系统中于 1982 年新增加的一个车站，用于连接像世博园一样的"未来世界"（Epcot）主题公园

图片：基思·沃尔斯 (Keith Walls)

► 佛罗里达站是迪士尼单轨系统中最新的车站，于 1988 年投入运营，与豪华酒店相连接。它的设计灵感来自 19 世纪末维多利亚时代建在佛罗里达东海岸的海滩度假村

图片：作者（Author）

绿色列车行驶在迪士尼乐园波利尼西亚度假村附近的绿地上方。

图片：作者（Author）

珊瑚色列车环绕未来世界（Epcot）花园行驶。

图片：作者（Author）

橙色列车从迪士尼当代度假酒店驶出。

图片：基思·沃尔斯（Keith Walls）

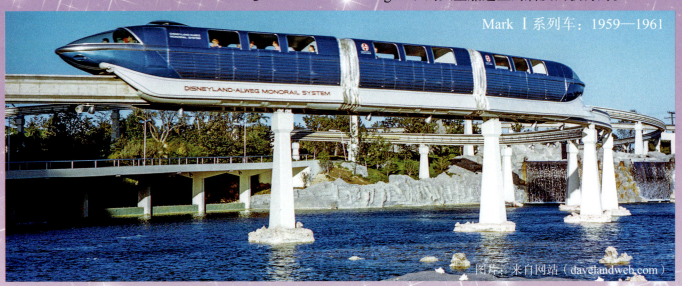

20 世纪 40 年代巴克罗杰斯漫画艺术：
里克·耶格尔（Rick Yager）

迪士尼单轨在美国的发展

迪士尼单轨可以说是世界上最著名的单轨交通系统。自 1959 年 Mark I 系列车首次在迪士尼乐园（Disneyland）亮相起，善于观察的人们就不难发现每一代新的列车都有特色鲜明的进步，但始终保持不变的是其时尚的和充满未来感的外观，而这些设计灵感是迪士尼工程师鲍勃·格尔（Bob Gurr）受巴克·罗杰斯（Buck Rogers）的太空船造型的启发而获得的。

◀ 在阿尔维格公司的协助下，沃尔特迪士尼工作室建造了两列三辆编组的 Mark I 系单轨列车。它们奔跑在 8 字形线路上，乘客在上面可游览所有"明日世界"娱乐项目

Mark I 系列车：1959—1961

图片：来自网站（davelandweb.com）

1961 年，Mark II 系单轨列车在原迪士尼乐园的单轨列车的基础上新增了一个车厢，该车型最受欢迎的特点之一是圆形驾驶舱位于车厢顶部。幸运的乘客可以登上驾驶舱，与驾驶员近距离接触。此时，迪士尼环线扩建到了迪士尼乐园的外部，并在迪士尼酒店增加了一站，该线路由三列列车组成一个车队。

Mark II 系列车：1961—1969

图片：加利福尼亚航空（Air California）

Mark Ⅲ系列车：1969—1987

图片：作者（Author）

迪士尼乐园的 Mark Ⅲ 系列车在外形上看起来与它们的前辈类似。最显著的变化是它的侧窗变得更大了。但是容易被人们忽视的则是其在转向架及悬挂系统上所做的诸多改进。比如，车站被加长以适应新的五辆编组列车。同时，列车车队也增加至四列列车

Mark Ⅳ系列车：1971—1989

图片：凯伦（Karen）和帕特里克·恩格尔（Patrick Engle）

▶ 迪士尼乐园的 Mark Ⅴ 系单轨列车拥有反映东海岸外观的"李尔式（Lear Jet）"的鼻子，但与它们体型硕大的佛罗里达的表亲相比，它有更加圆滚滚的身体

▶ 由庞巴迪（Bombardier）承建的位于沃尔特迪士尼世界度假村的 Mark Ⅵ 系单轨列车，它有一个专门为无座乘客设置的无座车厢，这在迪士尼单轨交通上还是第一次

Mark Ⅴ系列车：1987—2008

图片：作者（Author）

Mark Ⅵ系列车：1989

图片：卡洛尔·佩德森（Carol Pedersen）

▲ 佛罗里达州的沃尔特迪士尼世界度假村需要具有更高载客能力的列车，因此，Mark Ⅳ 系列车比迪士尼乐园的 Mark Ⅲ 系列车体型更大，但它仍然没有大到符合阿尔维格公司最初的交通设计规模。鲍勃·格尔（Bob Gurr）的工程师们这一次从李尔喷气式飞机获得灵感，研发出了新的驾驶舱。首批十列列车由马丁·玛丽埃塔公司（Martin Marietta）制造。另外两列列车由迪士尼集团的 WED 运输公司（Disney's WED Transportation Systems Inc.）在 20 世纪 80 年代制造。上图的石灰色单轨列车是由迪士尼自己制造的两列 Mark Ⅳ 系列车之一，它后来运行在位于拉斯韦加斯的米高梅·巴利（MGM-Bally）单轨交通线路上

Mark Ⅶ系列车：2008

图片：作者（Author）

▶ 迪士尼乐园最新的一代列车——Mark Ⅶ 系单轨列车，它拥有中心长凳座位和复古的外观

图片：作者（Author）

1997 年开通
0.4 km（0.25 英里）
两站
往复运行

美国夏威夷州火奴鲁鲁市的珍珠山脊空中出租车（Pearlridge Sky Cab）

1976 年，珍珠山脊购物中心（Pearlridge Shopping Center）扩张成两个独立的综合建筑。此时，业主们开始讨论他们应该如何穿过横亘在两栋建筑物之间的西洋菜农场。最终选择的解决方案是乘坐由罗尔工业（Rohr Industries）股份有限公司（简称罗尔公司）制造的单轨列车在两地之间穿梭。罗尔公司位于加利福尼亚州丘拉维斯塔市（Chula Vista）。罗尔公司的单轨列车满载着乘客穿梭在两栋大型建筑之间，连接着珍珠山脊的住宅区和市中心，这是罗尔公司唯一一个使用倒 T 型梁技术的单轨交通系统。这条装有空调系统的往复运行的单轨线路于 1997 年 11 月 7 日开通，绰号"空中出租车"。单程的票价是 1 美元，并对 8 岁以下儿童免费。"空中出租车"是夏威夷唯一的单轨交通。

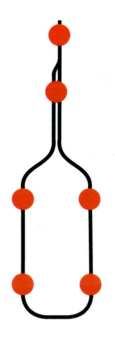

美国佛罗里达州的坦帕国际单轨
（Tampa International Monorail）

1991 年开通
1 km（0.7 英里）
环线
6 站

　　20世纪80年代末，庞巴迪从通用移动公司（Universal Mobility Inc.）获得了许多小型单轨交通技术，通用移动公司过去曾为许多地区提供载客规模的运输系统。庞巴迪的第一个 UM 系列单轨交通安装在坦帕国际机场。机场仅花费不到 1 200 万美元就增添了这种可以在停车场内自动泊车的运输系统。庞巴迪为坦帕单轨提供了六列单辆编组的 UM Ⅲ 系单轨列车、轨道和一份五年的延保合同。环线系统能够保证坦帕单轨始终具有大于 99.5% 的可靠性。在终点站和停车场，安装有充满美感的玻璃幕墙，容易理解的图形指示牌和电视监视器非常有助于乘客找到他们的目的地。坦帕单轨的特别之处在于它是美国第一个在客运主线上使用道岔的单轨交通系统。主线上的道岔与建在停车场和终点站的单轨道岔的外形不一样。

▲ 穿梭在停车场和各个车站之间的庞巴迪的第一个全自动单轨系统

▶ 放置在混凝土板上的钢梁轨道

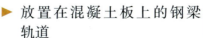

◀ 透过坦帕国际停车场的玻璃幕墙，庞巴迪 UM Ⅲ 系列车的轮廓清晰可见

图片：作者（Author）

图片：作者（Author）

拥有座位、站位及轮椅位置的车厢。

1995 年开通
2004 年线路扩建
6.4 km（4 英里）
7 站
环线

美国内华达州的拉斯韦加斯单轨

　　拉斯韦加斯单轨最初在 1995 年开通，穿梭在米高梅和巴利（MGM/Bally）之间，全长 1.3 km，只有两站。从沃尔特迪士尼度假村购买的两列已经封存的 Mark Ⅵ 系列车在这条线路上重新焕发生机。2004 年，这条线路重新开通，新增了五个车站。庞巴迪承建这个单轨系统并为其配置了九列全新的 Mark Ⅵ 系列车。该单轨是美国第一条全自动化、快速运输的长途城市单轨。它连接着拉斯韦加斯大道（the Strip）东侧的许多度假村及拉斯韦加斯会议中心。作为美国唯一一个由私人拥有的公共交通系统，它由非营利性公司——拉斯韦加斯单轨交通公司运营。与美国政府运营的常规铁路系统不同，这条单轨的运营没有使用公共资金，单轨的日常运营和维护费用来自于票务销售和广告收入。2005 年，联邦运输委员会（Federal Transit Administration）决定不对该单轨的 3.7 km 长的线路扩建计划给予资金支持，因此从最北端的车站扩建到市中心的计划搁浅了。2006 年，克拉克郡（Clark County）的委员们批准将拉斯韦加斯单轨扩建到麦卡伦国际机场。然而扩建计划在本书的英文版出版前还没有进展，也没有其他扩建的方案被提出。截至 2015 年，拉斯韦加斯单轨已经输送乘客超过 6 000 万人次。

最高的轨道离地 13.7 m。

行驶在巴利站和巴黎站之间的南向和北向列车。

图片：作者（Author）

▲ 单轨列车蜿蜒穿过拉斯韦加斯大道的后巷，并静静地通过度假酒店的泳池

▼ 庞巴迪提高了拉斯韦加斯单轨的 90° 转弯性能

纽瓦克国际机场车站每隔几分钟就有单轨列车抵达。

图片：作者（Author）

纽瓦克机场站为单轨交通 (AirTrain)、新泽西州运输 (NJ Transit) 及美国铁路客运 (Amtrak trains) 之间的连接提供了便利。

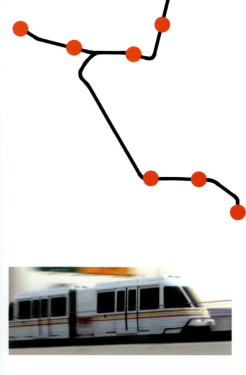

▲ 在列车上欣赏杰克逊维尔市的风光

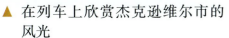

▶ 大量的高架桥结构支撑着上面的单轨轨道，事实上是不需要这么多支撑结构的

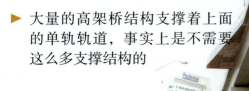

▼ 联络线道岔

美国佛罗里达州的杰克逊维尔市高架单轨（Jacksonville Skyway）

1997 年开通
4.8 km（2.9 英里）
8 站
环线
辅助线

　　1994 年，杰克逊维尔市交通运输局（Jacksonville Transportation Authority，JTA）选择庞巴迪的单轨来取代已有的法国马特拉公司（MATR）承建的交通系统。这条高架单轨在 1997 年开通，最初只有两个车站。UM Ⅲ 系列车和它们在坦帕机场线的前辈相似，但它运行在混凝土梁上，而非钢梁上。轨道被放置在原来的马特拉高架桥的顶部。为了延伸高架单轨的轨道，杰克逊维尔市交通运输局决定放弃使用小跨度简支体系的轨道结构，而是使用大跨度连续体系的轨道结构。这种两辆编组列车的最高速度是 56 km/h。它的路线先是两个环线，接着合并为一个水平的"Y"形。随着单轨系统的扩建，还可以增加列车数量。单轨系统通过阿科斯特桥（Acosta Bridge），横跨圣约翰河（St. Johns River）。修建高架单轨时是有争议的，反对者说它没什么用处。有人提议扩建这条单轨，使它更加有用，但提议还没有被批准。随后，庞巴迪将 UM Ⅲ 系更名为英诺（Innovia）100 型单轨。

图片：赛尔青奥·麦兹（Sergio Mazzi）

2014 年开通
25.9 km（16.1 英里）
环线
18 站

巴西圣保罗市的圣保罗 15 号线（São Paulo Line 15 ）

庞巴迪运输公司的第一条单轨建在南美洲，同时也创下了该公司和单轨交通在美洲的众多第一。2014 年，一条长度为 2.9 km 的示范线开通。建成后的 15 号线将作为圣保罗地铁 2 号线的扩展线，有能力单向每小时运送 4.8 万名乘客，每天运送 50 万名乘客，穿梭在伊皮兰加（Ipiranga）和西达德（Cidade）、蒂拉登特斯（Tiradentes）的市区之间。在这条线路上，庞巴迪提供了 54 列 7 辆编组列车，共 378 个车厢，这些列车使用了新的英诺（Innovia）300 型单轨技术。圣保罗 15 号线单轨系统使用了 Cityflo 650 列车的无人驾驶自动控制技术。15 号线的开通使得原来两小时的车程减少到大约五十分钟。为了不影响轨道下大树的生长，部分轨道的高度达到 15 m 以上。最初的列车由庞巴迪在美国的匹兹堡（Pittsburgh）工厂生产，并在加拿大金斯顿（Kingston）一个新的测试线路上测试。之后的列车由巴西的荷特兰迪亚（Hortolândia）工厂制造。2015 年，英诺（Innovia）300 型单轨获得了芝加哥雅典娜神庙优秀设计奖（Good Design Award from Chicago Athenaem: Museum of Architecture and Design）。

▲▼ 50 多年前，巴西圣保罗市政府与阿尔维格公司（Alweg）签约修建单轨。该项目未能实现，但是现在巴西正兴起单轨的建设狂潮。15 号线就是圣保罗市三个已经签约建设的单轨中的第一个

图片：卢克·施塔肯堡（Luke Starkenburg）

庞巴迪屡次获奖的英诺 300 型单轨列车在 15 号线首次公开亮相。

图片：赛尔吉奥·麦兹（Sergio Mazzi）

转向架被巧妙地隐藏在车厢之间，为乘客在车厢之间走动留下了空间。

图片：卢克·施塔肯堡（Luke Starkenburg）

图片：圣保罗单轨（Metrô de São Paulo）

圣保罗市的新单轨占用很少的上部空间，占用更少的地面空间。

图片：塞尔吉奥·麦兹（Sergio Mazzi）

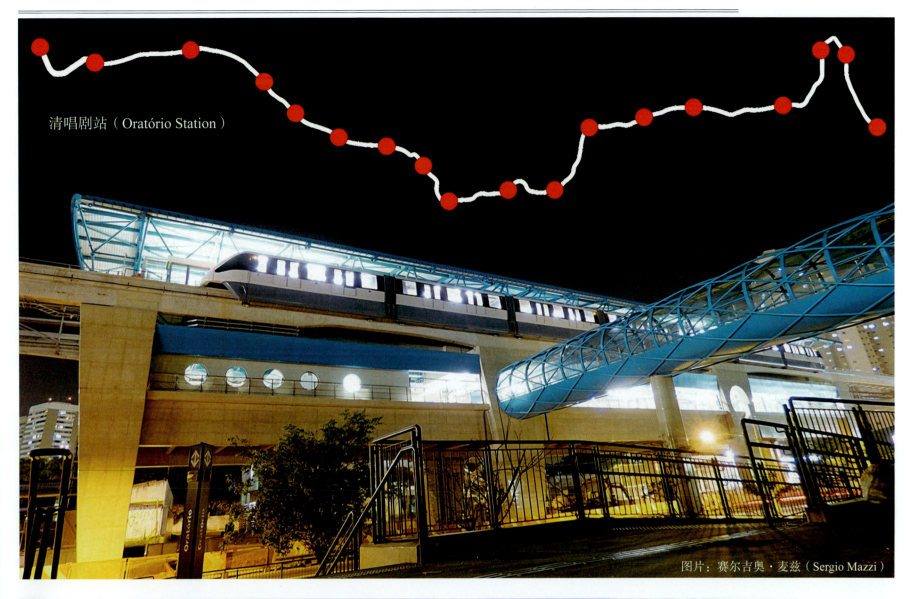

清唱剧站（Oratório Station）

图片：赛尔吉奥·麦兹（Sergio Mazzi）

图片：卢克·施塔肯堡（Luke Starkenburg）

图片：迈克尔·麦里克（Michael Malicke）/乌珀塔尔市政工程公司
（Wuppertal Stadtwerke AG）

德国伍珀塔尔的悬挂式单轨
（Wuppertaler Schwebebahn）

1901 年开通
13.3 km（8.2 英里）
20 站
环线

　　世界上运行时间最长的单轨位于德国鲁尔区（Ruhr district of Germany）。1900 年 10 月 24 日，在凯撒（Kaiser）对其进行试运行测试。1901 年 3 月 1 日，伍珀塔尔悬挂式单轨面向公众开放。19 世纪，随着巴门镇（Barmen）、埃尔伯菲尔德镇（Elberfeld）和沃温克尔镇（Vohwinkel）的迅速发展，人们开始对这种固定轨道的交通形式提出了需求。由于这条线路上很大一部分是在伍珀河（Wupper River）上，大规模的常规高架轨道结构被认为是不理想的选择。来自科隆附近的工程师尤金·兰根（Eugen Langen）对悬挂式钢轨道单轨系统成功地进行了测试。这些地区的官员因为对单轨交通印象良好而选择了单轨，并且在 1898 年建设了单轨交通。最初的单轨列车是首列全钢运输列车，这在单轨设计方面是革命性的。列车可以在轨道下自由地摆动，但从来不会超过 15° 这个令人不舒适的角度范围。列车的名字"Schwebebahn"，被翻译为悬挂式单轨。列车的最高速度为 56 km/h。列车的发车间隔大约是 2.5 min，每天运送大约 8 万名乘客。

图片：艾伦·安布罗西尼（Allen Ambrosini）

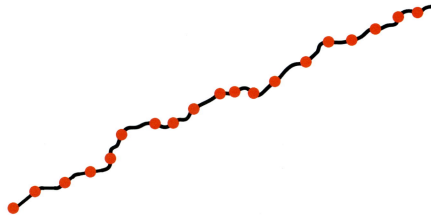

图片：艾伦·安布罗西尼（Allen Ambrosini）

◀ 伍珀河（Wupper river）上的悬挂式单轨（Schwebebahn）列车

▼ 双法兰式车轮（double-flanged wheels ）保证列车在轨道上不会脱轨

图片：作者（Author）

1964 年开通
17.8 km（11 英里）
11 站
环线

日本东京单轨（Tokyo Monorail）

1960 年，日本日立有限公司（Hitachi, ltd.）获得阿尔维格式单轨的技术授权并建立了日立 – 阿尔维格单轨部（Hitachi-Alweg division）。日本的前两条单轨线路分别于 1962 年、1963 年建在犬山（Inuyama）游乐园和读卖乐园（Yomiuri Land）。配合 1964 年日本东京举行夏季奥运会开通的东京单轨，标志着阿尔维格单轨技术的巨大飞跃。东京单轨历时 16 个月建成，并于 1964 年 9 月 17 日开通。之后的一段时间内，它都是世界上最长的跨座式单轨系统（straddle-beam system），开通时仅有滨松町站（Hamamatsuchō station）和羽田机场站（Haneda airport）。滨松町站建在繁忙的山手线（Yamanote line）上，并作为单轨的换乘车站。数年间，两个终点站之间的地区得到了极大的发展，因此在终点站之间增加了几

个车站。羽田机场扩建时，增加了单轨车站作为新的终点站。东京单轨全线有 11 个车站，运营时间从早上 5 点到晚上 12 点。对于国内航班，可在滨松町站直接办理航班登机手续。作为世界上最繁忙的单轨之一，2007 年东京单轨载客量达到 15 亿人次。由于拥有长距离的水上轨道、一个水下隧道和两个地下隧道，这条线路是独一无二的。建造这些隧道是为了避免与低空飞行的飞机冲突。即使面临着来自传统铁路——惠子铁路线（Keiko Rail line）的竞争，东京单轨每天的载客量仍然可以达到 20 万人次。2014 年，日本政府计划将线路从北终点延伸到东京站。

◀ 这是 20 世纪 60 年代中期的明信片，图中的日立单轨列车即将驶入羽田机场的水下隧道

▶ 这是另外一张早期的明信片，图中单轨交通的露天车站占用比较少的空间

▼ 东京单轨的部分线路使用了钢墩和钢轨道，这对需要狭窄支撑和长跨度的路段很有用

图片：作者（Author）

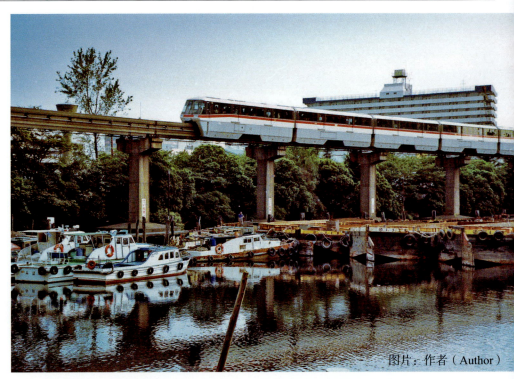

图片：作者（Author）

▲ 一列日立 1000 型单轨列车行进在一条有众多运河的线路上

▼ 1964 年以来，轨道沿线的垃圾填埋场区域也已经得到了很大的发展，即使在离轨道很近的地方

图片：作者（Author）

图片：作者（Author）

▲ 滨松町站旁边有一条狭窄的人行道，沿线的园林绿化及低噪声的列车，使单轨对周围环境的噪声影响降到了最小

▲ 向前看，迎面而来的是羽田国际机场（Haneda International Airport）最长的隧道

图片：作者（Author）

图片：作者（Author）

▲ 日立 1000 型单轨列车在 1990 年被采用

◀ 日立 2000 型单轨列车在 1997 年被采用

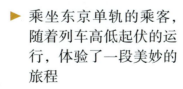

图片：作者（Author）

▶ 乘坐东京单轨的乘客，随着列车高低起伏的运行，体验了一段美妙的旅程

图片：作者（Author）

◀ 停放在存储/维护站的日立2000型和日立1000型列车。图中的地面道岔对应了5条停车道

▶ 客运列车被从停在轨道上的转向架上提起

▼ 单轨技工正在进行转向架的日常维护

本页图片：作者（Author）

图片：作者（Author）

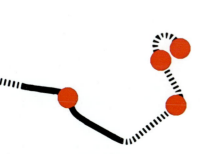

▲ 单轨沿线郁郁葱葱的绿化带
美化了狭窄的单轨轨道

▶ 大跨度的水路可以用传统的
钢轨道梁桥跨越

图片：作者（Author）

图片：作者（Author）

图片：作者（Author）

▲ 湘南单轨下面狭窄的双车道路面

▼ 列车在中间站的四分式轨道上不断地擦肩而过

1970 年开通
6.6 km（4.1 英里）
8 站
单线运行
侧线通过

▲

日本镰仓的湘南单轨（Shonan Monorail）

湘南单轨是世界上第一个采用了法国开发的赛飞机式悬挂单轨技术（Safege suspended monorail technology）的城市交通系统。曾经在名古屋（Nagoya）的东山公园（Higashiyama park）建造了赛飞机式单轨示范线的三菱重工公司（Mitsubishi Heavy Industries）建造了这条单轨。湘南单轨于 1970 年 3 月 7 日开通，1971 年完成试运行，在关中站（Ofuna station）和江之岛站（Enoshima stations）之间运营。这条线路是世界上已建成的最狭窄的单轨之一，因为空间狭窄，只用一条轨道提供双向服务。箱型钢轨道梁和圆柱形钢墩沿着狭窄的双车道公路布置，蜿蜒穿过郊区和树木繁茂的山区。山上的两个隧道增加了独特的乘坐体验。对于湘南单轨系统（Shonan system）来说，道岔是非常重要的，因为在任何时候，一条轨道的两个方向上都有列车在运行。列车一共经过四个中间站，轨道梁在中间站通过道岔变成布置在站台两侧的两个轨道梁，使列车可以在中间站擦肩而过。因为这条单轨的开通，人们可以完美地度过这段旅程。对于一个单轨狂热爱好者来说，十四分钟的单轨旅程，从这一端到那一端，真是一个令人愉快的体验。

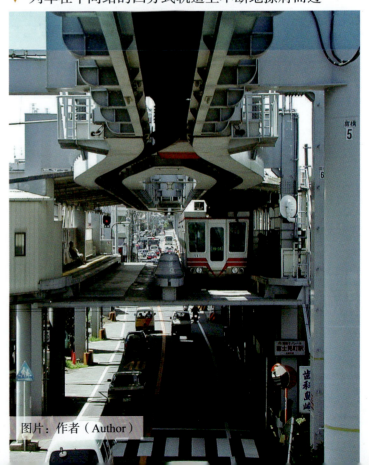

图片：作者（Author）

图片：作者（Author）

◀ 地面的交通拥堵不会阻碍湘南
单轨的运行，它在马路上方缓
缓驶过

▲ 一列亮着大灯驶向江之岛车站
的单轨列车正在驶出隧道

▼ 前方是一段有许多弯道及坡度
达 7.4% 的美妙旅程

图片：作者（Author）

图片：作者（Author）

图片：多特蒙德公共交通空中轨道列车公司
（H-Bahn-Gesellschaft Dortmund mbH）

1984 年开通
3.1 km（1.9 英里）
5 站
单线
辅助线和侧线

德国多特蒙德空中轨道列车
（Dortmund H–Bahn）

西门子（Siemens）的第一个永久交通系统，使用了该公司的空中轨道列车（H-Bahn）自动悬挂单轨技术，于 1984 年在多特蒙德大学（Dortmund University）开通。最初，线路长 1 km，连接两个被山谷和主要道路隔开的校园。该运输系统深受师生欢迎，截至 1991 年，已经载客超过 500 万人次。后来在原有线路的南北两端添加了辅助线。辅助线和道岔的加入，可以让乘客在多特蒙德大学站下面直接换乘城市轨道线。一条延伸至附近科技园的 1.2 km 长的线路，于 2003 年开通。列车的最高速度为 65 km/h。最小发车间隔为 40 s，每小时可以发车 36 趟。它每天运载乘客超过 5 000 名，而且进一步的线路扩建也已在规划中。

▲ 位于多特蒙德大学 S 站（Do-Universität S station）附近的四个道岔

▼ 蜿蜒通过道岔的西门子列车

图片：多特蒙德公共交通空中轨道列车公司
（H-Bahn-Gesellschaft Dortmund mbH）

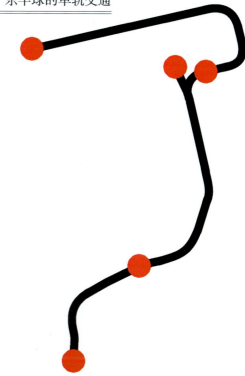

图片：多特蒙德公共交通空中轨道列车公司
（H-Bahn-Gesellschaft Dortmund mbH）

▲ 早期在多特蒙德校园北站运行的空中轨道列车

▼ 多特蒙德空中轨道列车在一个公园般的区域内运营，说明单轨可以适合各种环境

图片：多特蒙德公共交通空中轨道列车公司
（H-Bahn-Gesellschaft Dortmund mbH）

图片：作者（Author）

图片：作者（Author）

1985 年开通
8.8 km（5.4 英里）
13 站
环线

日本北九州单轨
（Kitakyushu Monorail）

继东京羽田单轨交通于 1964 年开通之后，日本就没再开通其他的阿尔维格式单轨交通线路，直到 1985 年九州岛上的北九州单轨开通。东京羽田单轨系统之后，为了建立阿尔维格式和悬挂式单轨的标准，日本单轨协会（Japanese Monorail Association，JMA）成立了。对于阿尔维格式单轨，其中的一个新标准就是乘客舱完全位于转向架的上方，取消了转向架会凸进乘客舱的设计方式——以前的阿尔维格式单轨是这样设计的。当列车宽度与西雅图及东京早期的阿尔维格式单轨接近时，日立列车的内部空间会更加宽敞，车厢内有平地板和沿着列车车身的侧座。后来这个标准被应用在了更多流线型车厢上。北九州单轨交通通过对轨道梁下方的道路中间增加更多的绿化，率先对环境进行了美学改善。在某些区域，轨道梁下面的树木美化了轨道梁的外观。如果您想要参加列车上举行的一年一度的啤酒、葡萄酒派对，您需要提前购票。北九州单轨在 1985 年开通，引起了日本及世界各地对阿尔维格式单轨交通的重新认识，同时也启发了其他单轨系统。

▲ 列车驶向德力岚山口车站（Tokuriki Arashiyamaguchi station）

▼ 日立公司建造了世界上第一列全部采用平地板的阿尔维格式单轨列车

图片：作者（Author）

图片：作者（Author）

▲ 地面道路上方是单轨轨道，再往上是高速公路，空间利用是不是更充分了？

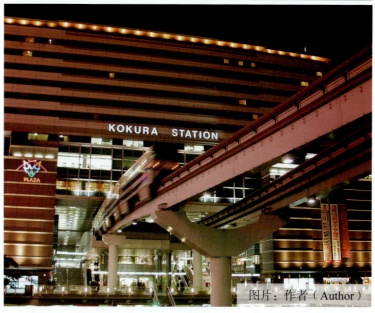

图片：作者（Author）

▲ 巨大的具有多模式、多功能的小仓站（Kokura station）

▼ 整齐的绿化带增加了协调美

图片：作者（Author）

▼ 大跨度钢－混组合轨道梁

图片：作者（Author）

图片：作者（Author）

日本千叶市单轨
（Chiba Urban Monorail）

1988 年开通
15.5 km（9.6 英里）
18 站
环线
辅助线

千叶市单轨是世界上最长的悬挂式单轨。根据建造湘南单轨积累的知识和经验，三菱重工公司（Mitsubishi Company）建造了这种双线系统来连接千叶县的郊区和千叶市中心的火车站。千叶市单轨是目前世界上唯一的大运量双线赛飞机式单轨系统（dual-beamed，full-scale Safege-type system），它在主线旁设有一条辅助线。千叶县冬天的恶劣天气是当地官员选择赛飞机式单轨交通的原因之一。因为它的轨道运行面和列车转向架在轨道梁里面，能够避免受恶劣天气的影响。该单轨交通线路需要在轨道梁里面安装加热器或者在列车前面设置铲雪装置，以应对大雪或结冰的情况。由千叶市单轨公司所有和运营的千叶市单轨系统每天载客量超过4.5万人次。千叶市单轨交通公司成立于 1979 年 3 月 20 日，它的投资者包括千叶县（Chiba Prefect）和千叶市（the city of Chiba）政府。

▲ 三菱重工公司的赛飞机式列车在林木之间穿行

▼ 和伍珀塔尔的悬挂式单轨（Schwebebahn）一样，千叶市单轨的部分线路也在河的上空

图片：作者（Author）

图片：千叶市单轨公司（Chiba Urban Monorail Company，Ltd.）

▲ 2012 年推出的三菱城市飞翔列车（Mitsubishi Urban Flyer trains），该列车在地板上有下视窗

图片：作者（Author）

▲ 单轨列车蜿蜒穿过千叶体育中心（Chiba Sports Center）的公园

◄ 以拱桥跨越主要路口是千叶市单轨的特色

图片：作者（Author）

图片：克里斯·纽兰（Chris Newland）

图片：作者（Author）

▲ 跨越黄金海岸高速公路的绿洲单轨

◀ 朝木星赌场的东北方向望去，河水正从大跨度交叉轨道梁的桥墩间流过

▼ 在绿洲购物中心，建筑物和单轨交通融为一体

图片：作者（Author）

澳大利亚布罗德海滩的绿洲单轨（Oasis Monorail）

1989 年开通
1.3 km（0.8 英里）
3 站
环线

　　图中的四辆编组单轨列车穿梭在索菲特黄金海岸酒店（Sofitel Gold Coast Hotel）、绿洲购物中心（Oasis Shopping Centre）和木星赌场（Jupiter Casino）之间。对于这个三站交通系统（three-station system），冯·罗尔Ⅲ型单轨有点大材小用。20 世纪 80 年代后期，政府曾经计划修建一条长 10 km，贯穿繁华的黄金海岸走廊（Gold Coast corridor）的交通系统。然而，资金难题与地方反对扼杀了这个提议。与之相对应的是，已经建成的轻轨需要面对每年蜂拥而至的 200 万人次的游客所造成的交通拥堵的问题。这条单轨的独特之处在于绿洲购物中心被设计在这个系统中，列车从这个大型购物中心的顶层大厅穿过。

图片：作者（Author）

◀ 单轨交通的轨道梁融合进购物中心的内部

▶ 冯·罗尔双线单轨（Von Roll dual-guideway）穿过一片栖息着吸蜜鹦鹉的树林

图片：作者（Author）

图片：作者（Author）

▲ 中国自动车道（Chogoku Expressway，日本的一条高速公路）上方的山田站（Yamada Station）

图片：作者（Author）

▲ 有时候，鲜艳的色彩使日立的箱型单轨列车熠熠生辉

▼ 在雨天快速运行的大阪单轨

1990 年开通
28 km（17.4 英里）
18 站
环线
辅助线

日本大阪单轨（Osaka Monorail）

大阪是日本第二大城市。大阪单轨从市中心辐射到周边地区，旨在用半环线连接这些外部社区，最终形成环绕这座城市的 50 km 长的单轨交通体系。第一段线路长 6.6 km，在大阪北部开通。这条单轨从大阪国际机场出发，沿着一条高速公路向东走，然后向南走，穿过一座巨大的专门为单轨修建的拱桥，随后又增加了一条长 6.8 km 的北向辅助线，以连接一所大学和一个社区，所有这些规划都围绕着这条单轨进行。日立四辆编组列车从沿轨道梁侧面布置的母线上获得 1 500 V 的直流电。1995 年的神户（Kobe）大地震是对大阪单轨的严峻考验，而大阪单轨经受住了地震的考验。事实证明，当与单轨并行的高速公路被疏散的人群堵塞时，单轨仍然是一条重要的运输线。大阪单轨每天的载客量超过 10 万人次，目前正在向南规划一条长 9 km 的线路。

图片：作者（Author）

◀ 近畿高速公路
（Kinki expressway）
上方独特的钢轨
道梁桥

图片：作者（Author）

◀ 一座多拱的单轨交
通桥跨越了淀川河
（Yodo river）

图片：作者（Author）

163

在2011年被重庆单轨超越之前，大阪单轨一直是世界上最长的单轨。

图片：卢克·施塔肯堡（Luke Starkenburg）

▶ 与这条高速公路相比，单轨线路占地面积小是很明显的

图片：作者（Author）

▲ 西都线（Saito line）的多关节型道岔

图片：作者（Author）

▼ 车辆存储/维护设施及它的多股道岔

图片：作者（Author）

图片：作者（Author）

▲ 戴着白手套的大阪单轨驾驶员

图片：作者（Author）

日本多摩单轨（Tama Monorail）

1998 年开通
16 km（9.9英里）
19 站
环线

1998 年，位于日本东京西部郊区的另一条日立单轨加入到日本日益壮大的单轨交通大军中。南北向的多摩单轨运行在东大和（Higashiyamato）与多摩（Tama）之间，途经立川（Tachikawa），全程用时 36 min。这是建造完成的第一个拥有完整变频调速控制设备（可变电压，可变频率）的日立单轨系统。四辆编组的日立 1000 型列车的工作电压是 1 500 V。这条线路中有五个站是换乘站，乘客可以在那里换乘至其他轨道线。这是一段有趣的旅程，轨道穿过多摩河，顺着主干道延伸，沿着坡度为 6% 的线路爬坡和下坡。其中有一段线路，轨道沿着斜坡下行，通过隧道后穿过一座小山。这条线路每天的载客量超过 12 万人次。

图片：作者（Author）

图片：作者（Author）

▲ 多摩单轨和自行车停车场

图片：作者（Author）

▶ 山顶上供单轨和汽车穿过的三条隧道

167

图片：英特敏运输有限公司（Intamin Transportation Ltd.）

1998 年开通
3.8 km（2.4 英里）
7 站
环线

中国深圳的欢乐干线
（Happy Line Monorail）

　　1993 年，深圳的世界之窗游乐园安装了一个小型的三站英特敏（Intamin）单轨系统。由于这个单轨的成功运营，一个更大的英特敏环线系统在深圳市中心修建。欢乐干线单轨连接着中国第一个经济特区的许多景点，例如，在世界之窗主题公园、中国民俗文化村、欢乐谷游乐园和锦绣中华均设有车站。共有五列 P8/24 级列车在这条单轨道环路上运送乘客。箱型轨道梁宽 500 mm，高 700 mm。斜坡最大坡度为 10%，但是如果需要的话，英特敏列车能适应的坡度可以达到惊人的 20%。三辆编组列车上有 24 个座位。两柱之间的典型跨度是 15 m，但是也可以达到 24 m。

图片：英特敏运输有限公司（Intamin Transportation Ltd.）

图片：IC 传媒（ImagineChina）

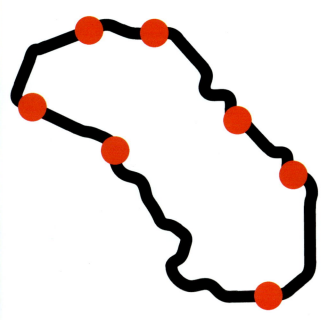

◀▼ 欢乐干线上的英特敏（Intamin）P8/
24 级列车穿越市区，蜿蜒穿过沿线郁
郁葱葱的树林

图片：新浪公司（Sina corporation）

图片：艾伦·斯彭斯（Alan Spence）

▲ 列车接近杜塞尔多夫国际机场的终点站

德国杜塞尔多夫的高轨列车
（Düsseldorf SkyTrain）

2002 年开通
2.5 km（1.5 英里）
4 站
环线

　　西门子公司为杜塞尔多夫国际机场建造的单轨线路是该公司建造的第二条公共单轨线路。这条单轨是基于西门子公司在建造多特蒙德单轨所形成的空中轨道列车技术而修建的，也是第一条应用了这种技术的双线单轨线路。这条线路是为了缓解机场线的交通拥堵状况而修建的，它连接着机场终点站和位于繁忙的杜塞尔多夫 – 杜伊斯堡线上的一个列车站，沿途设置了一个停车场。像多特蒙德单轨一样，这个系统是完全自动化的。五列两辆编组的单轨列车在距地面 10 m 高的轨道梁上运行，运行速度高达 50 km/h，从始发站到终点站用时 6 min。根据一天中的不同时段和交通运输的需求，列车发车间隔为 3.5～7 min。

▼ 联运站通过高轨列车将主要的轨道线路同机场连接起来

图片：安德烈亚斯·威斯（Andreas Wiese）/
杜塞尔多夫国际（Düsseldorf International）

图片：安德烈亚斯·威斯（Andreas Wiese）/杜塞尔多夫国际（Düsseldorf International）

▲ 高轨列车滑行通过机场站的曲线梁段。车厢内有大窗户和宽敞的行李放置空间

高轨列车的轨道蜿蜒到达机场终点站，它占用最小的地面和上部空间。

图片：马特·韦格纳（Matt Wegener）

图片：彼得·洛瓦斯（Peter Lovás）/Dreamestime 网站

和其他日立公司建造的单轨一样，冲绳单轨系统将钢轨道梁、混凝土桥墩和混凝土轨道梁组合在一起。

图片：作者（Author）

日本那霸冲绳单轨
（Okinawa Monorail）

2003 年开通
12.8 km（7.9英里）
15 站
环线

　　冲绳城市单轨交通（Okinawa Urban Monorail）是第二次世界大战后建在冲绳岛上的第一个单轨交通系统。此线路的名称"由比"是通过市民公开投票定下来的，那霸（Naha）的双线单轨将这个城市的每一个角落同那霸机场连接起来。它从机场出发，沿着东北方向前行，通过市中心，目前终点站设在首里城站（Shuri Castle），但到浦西站（Uranishi）的一条 4.1 km 长的线路延伸计划已在规划中。那霸单轨沿线设 13 站，全程单向用时大约半个小时。日立两辆编组列车在高峰时段的发车间隔是 6 min。和一个多世纪以前的伍珀塔尔单轨一样，这条线路的部分轨道也是沿着河道布置的。在依山而建的路段，轨道梁离地面 8～20 m。

单轨列车沿着轨道梁行进，不受轨道梁下面路况的影响。

图片：作者（Author）

图片：作者（Author）

▲ 县厅前站（Kencho-mae station）是一个富有曲线美的车站，建在那霸市中心的建筑物和运河之间

▶ 冲绳单轨的存储与维护设施，以及远处的那霸国际机场

图片：作者（Author）

2003 年开通
8.6 km（5.3 英里）
11 站
环线

图片：大卫·M. 艾斯（David M. Ice）

图片：作者（Author）

马来西亚吉隆坡单轨（KL Monorail）

　　1997 年，吉隆坡与日立公司签订合同建造吉隆坡单轨，但是这个项目因东亚金融危机而被终止了。1998 年，马来西亚巴士制造商——华通商务巴士（MTrans）控股公司，接手并完成了这个项目。这条线路是根据西雅图的阿尔维格式单轨蓝图逆向设计的。2006 年，史格米工程有限公司（Scomi Engineering Bhd）收购了华通商务巴士控股公司。基于建造吉隆坡单轨所形成的技术，史格米工程有限公司积极争取更多的机会来建造更多的单轨，它们已经在印度和巴西成功地中了几个标。该单轨系统目前的载客量已经超过了每年 2 000 万人次。2009 年 7 月 29 日，吉隆坡单轨交通公司运载了它的第一亿名乘客。2014 年，为了增加客运量，史格米工程有限公司用四辆编组列车换下了所有的十列旧型两辆编组列车。

图片：作者（Author）

▲▶ 吉隆坡单轨的列车站被巧妙地设计成帆布屋顶，它们足以保护乘客免受马来西亚热带阳光和季风降雨的影响

图片：作者（Author）

吉隆坡单轨交通，一列新的四辆编组单轨列车从阿尔班科瑞清真寺（Al Bukhary Mosque）旁驶过。

图片：作者（Author）

▲ 单轨列车在十五碑地区（the Brickfield district）沿着巴生河（Klang River）运行

图片：尼古拉斯·里姆（Nicholas Lim）

图片：伊戈尔·格罗舍夫（Igor Grochev）

▲ 莫斯科单轨与奥斯坦金诺电视塔

图片：康斯坦丁·范特雷维瑞茨（Konstantin Ventzlavovich）

2004 年开通
4.7 km（2.9 英里）
6 站
环线

俄罗斯莫斯科单轨（Moscow Monorail）

1998 年，面对莫斯科东北部日益严重的交通拥堵问题，政府开始计划修建单轨。研究表明，建造单轨的费用仅为建造地铁的七分之一到五分之一。莫斯科单轨是基于瑞士的英特敏单轨技术建造的，但它包括由莫斯科热力技术研究所（Moscow Institute of Thermal Technology）研发的许多修改设计。这些改变主要是为了应对莫斯科的寒冬天气。莫斯科单轨的驱动系统是轨道梁上的直流电机，这使得莫斯科单轨成为世界上第一条直流电机驱动的跨座式单轨。莫斯科单轨连接着米列亚杰夫斯卡娅的多模式列车站（Timiryazevskaya multi-modal station）与尤雷特谢尔盖爱森斯坦站（Ulitsa Sergeya Eisensteina station），中间站包括电信中心站（Telesentr station）和会展中心站（Vystavochny Tsentr station）。莫斯科单轨没有在终点站设置道岔，而是用泪珠状环路（teardrop loops）系统使得列车可以在双线的端部调头。

图片：A. 萨万（A. Savin）

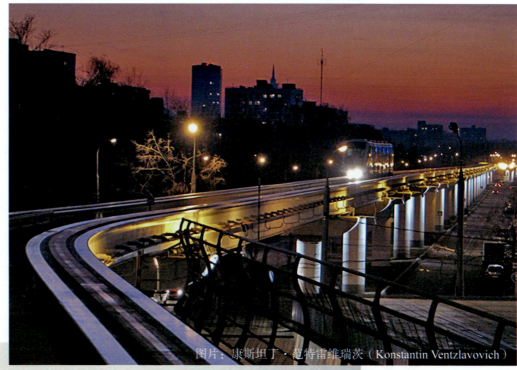

图片：康斯坦丁·范特雷维瑞茨（Konstantin Ventzlavovich）

莫斯科的六辆编组列车，配备有空调、暖气、语音及可视的乘客信息系统、自动门，并设置有供残疾人出入的通道。该系统在全自动模式下运行。

图片：安东·A. 赤盖瑞（Anton A. Chigrai）

图片：IC 传媒（ImagineChina）

中国重庆单轨（Chongqing Monorail）

2005 年开通
80 km（49.7英里）
59 站
环线

2005 年 6 月 18 日，中国的第一个阿尔维格式单轨系统在重庆开通。日立公司制造了两列原型列车及电气设备，并提供道岔硬件等其他基础设施技术。之后的列车由长春铁路车辆有限公司与日立公司合作制造。自通车以来，积极的线路扩建计划使得重庆单轨成为若干方面的纪录缔造者。2 号线的第一段起始于重庆市中心的较场口，然后采用高架结构沿着嘉陵江南岸向西运行，随后向南运行，进入城市的西南郊区，最后到达大渡口区。

2011 年 9 月，重庆 3 号线的开通使得重庆单轨系统增加了 17 km，并成为世界上最长的单轨系统，超越了之前由大阪创造的纪录。2011 年 12 月，3 号线扩建到江北机场。一年后，3 号线扩建到更远的南部，把世界上最长的单轨纪录刷新为 55.5 km。重庆单轨也是世界上唯一一个具有 X 形交叉点的城市单轨系统。3 号线跨越了世界上最高和最长的单轨桥。2014 年，2 号线和3 号线在鱼洞成功连接，确保了重庆单轨系统在可以预见的未来仍将保持世界纪录。

图片：IC 传媒（ImagineChina）

▲ 一列中国制造的单轨列车正驶向隧道，这条线路上有很多隧道。由于重庆的丘陵地貌特征，这条线路上有包括世界上最长的单轨隧道在内的众多隧道

◀ 笼罩在薄雾下的重庆嘉陵江畔

图片：IC 传媒（ImagineChina）

图片：IC 传媒（ImagineChina）

▲▶ 特地为重庆 3 号线穿过嘉陵江而修建的单轨桥，这使得重庆拥有世界上最高、最长的单轨桥

图片：IC 传媒（ImagineChina）

图片：iStockphoto 图片库

▲▼ 横跨长江的菜园坝长江大桥的下层是专门为重庆
单轨修建的

图片：井爱萍（Jing Aiping）/Dreamstime 网站

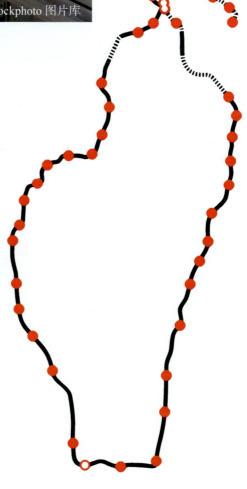

图片：肖恩·威廉姆斯（Shaun Williams）

2007 年开通
2.1 km（1.3 英里）
4 站
环线

新加坡圣淘沙捷运单轨
（Sentosa Express）

　　2000 年，日立公司注意到较小的社区表现出对单轨系统的兴趣，于是设计了一种新的日立小型单轨。这种小型单轨质量轻，能够在 40 m 半径内转弯。同时，这种单轨需要较小的轨道梁和支撑，使得建造起来更经济。第一条日立小型单轨是由圣淘沙发展公司（Sentosa Development Corporation，SDC）建造的色彩艳丽的圣淘沙捷运单轨，它位于新加坡，花费了 7 800 万美元。这条长 2.1 km 的双线运行的圣淘沙捷运单轨连接着新加坡主岛和圣淘沙岛（Sentosa island）的度假胜地。在世贸中心（World Trade Centre）的港口地铁站（Harbour Front MRT station）和圣淘沙的中央海滩（Central Beach）均设有单轨列车站。利用日立小型单轨的小半径急转弯的优势，圣淘沙捷运单轨在接近它最北侧车站的地方 90° 转弯。

圣淘沙捷运单轨在圣淘沙岛上依山而行。

图片：大卫·卡马达（David Kamada）

中央海滩站
（Central Beach Station）

图片：iStockphoto 图片库

图片：大卫·卡马达（David Kamada）

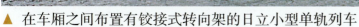
▲ 在车厢之间布置有铰接式转向架的日立小型单轨列车

中东的第一条单轨跨过卓美亚棕榈岛（Palm Jumeirah）的水面。

图片：iStockphoto 图片库

2009 年开通
5.4 km（3.3 英里）
4 站
环线

阿拉伯联合酋长国的迪拜棕榈岛单轨
（Palm Monorail）

棕榈岛是一组建有高档住宅、度假村和景点的人工岛屿。棕榈岛单轨是由日立公司建造的中东第一条单轨系统，它将岛上车站的主要站点与建筑出入口连接起来。2008 年，阿拉伯联合酋长国遭到全球经济增速放缓的重创，沿线的两个开发项目被取消了，为这两个项目设置的两个中间站目前已经关闭，但是一旦完成新的开发项目，它们将重新开启。为了连接一个新开发的码头，该线路正在增加第五个列车站。一个 2 km 的扩建计划也正在规划中，届时棕榈岛单轨将与迪拜地铁连接起来。

图片：Dreamestime 网站

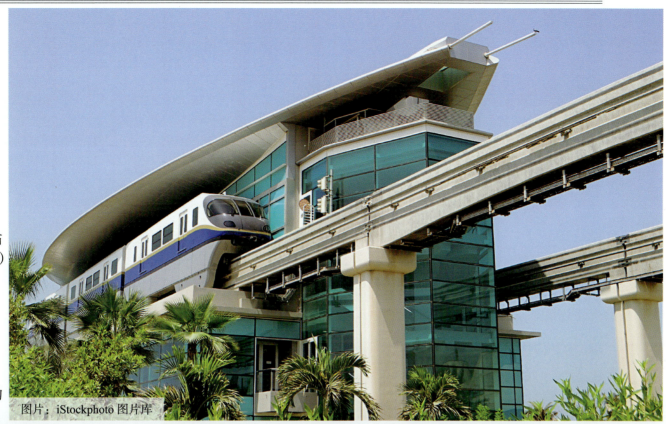

► 亚特兰蒂斯站
（Atlantis Station）
是北终点站

▼ 亚特兰蒂斯的
棕榈岛度假村

图片：iStockphoto 图片库

图片：iStockphoto 图片库

图片：亚特兰蒂斯（Atlantis），科兹纳国际度假村公司
（Kerzner International Resorts Inc.）

187

图片：卢克·施塔肯堡（Luke Starkenburg）

2014 年开通
19.5 km（12.1 英里）
18 站
环线

印度孟买单轨（Mumbai Monorail）

孟买单轨是史格米公司在马来西亚之外第一个签约建造的单轨。孟买大都会区域发展局（Mumbai Metropolitan Region Development Authority，MMRDA）批准了 L&T 和史格米公司（L&T-Scomi）提交的 5.45 亿美元的合同，项目于 2009 年 1 月开始施工。尽管面临着路线狭窄和轨道下交通繁忙所带来的巨大挑战，第一段 8.8 km 长的单轨于 2014 年开通。第二段单轨将延伸到雅各布社区（Jacob Circle），计划 2016 年开通。苏特拉四辆编组列车由史格米有限公司的马来西亚工厂制造并运到孟买。重新设计后的苏特拉列车在质量、可靠性、安全性方面均符合国际标准，是史格米公司的首批列车的高级版本，它是在西雅图阿尔维格式单轨列车的基础上专门为吉隆坡单轨制造的。列车拥有 80 km 的最高时速，容量为 500 人。该系统是在建设—经营—转让（BOT）的基础上实现的。印度的其他城市也在计划建造单轨。

孟买单轨沿着一条很有挑战性的狭窄街道修建。

图片：卢克·施塔肯堡（Luke Starkenburg）

一列蓝色的单轨列车驶
向巴拉特石油公司站。

图片：丹麦·西迪基（Danish Siddiqui）/路透（Reuters）/考比斯（Corbis）

2014年2月2日孟买单轨开通时，孟
买人民在每列新列车到达和离开时都
尽情地欢呼，表现出极大的热情。

图片：卢克·施塔肯堡（Luke Starkenburg）

孟买单轨充分展示了单轨可以穿越任何地形的能力。

图片：卢克·施塔肯堡（Luke Starkenburg）

图片：卢克·施塔肯堡（Luke Starkenburg）

图片：卢克·施塔肯堡（Luke Starkenburg）

▲ 颜色鲜艳的单轨列车为孟买不同阶层的人民服务

图片：卢克·施塔肯堡（Luke Starkenburg）

◄ 金布尔站（Chumbur Station）是孟买单轨的北终点站。站台上的史格米·苏特拉单轨列车上不断有乘客上下车，轨道下是拥挤的普通车辆

图片：拉埃尔·尼亚兹（Rahel Niyazi）／史格米集团公司（Scomi Group Bhd.）

图片：英特敏交通运输有限公司（Intamin Transportation Ltd.）

▲ 单轨轨道与城市绿化融为一体

▼ 瑞士技术在中国

位于中国西安的西安单轨
（Xi'an Monorail）

2015 年开通
9.6 km（5.9 英里）
11 站
环线

　　西安是中国最有名的大都市之一。在这座超过
3 100 年历史的城市中，居民超过 800 万人。英特敏交
通运输有限公司在曲江旅游区建造了一条单车道环形
P8 单轨，每个车厢载客 8 人，先期设置三列六辆编组
列车，可搭载 48 位有座乘客，因此车型选择了指定的
P8/48 型，最大推荐速度为 43.2 km/h。墩柱跨度的典型
值是 15 m，但特殊情况下也可采用 24 m 跨度。2015 年
1 月 16 日，西安单轨向公众开放。

图片：英特敏交通运输有限公司（Intamin Transportation Ltd.）

▲ 车站和墩柱的造型巧妙地与中国古建筑相映成趣

图片：英特敏交通运输有限公司（Intamin Transportation Ltd.）

图片：作者（Author）

▲ 一个造型独特的斜拉桥及桥下的曼洋站（Manp-
yeong Station），为大邱市增添了艺术气息

▼ 带有侧座的宽敞、平坦的车厢，为乘客提供了充
足的空间

2015 年开通
24 km（14.9 英里）
30 站
环线

位于韩国大邱的高架单轨
（Daegu Sky Rail）

　　根据 2008 年签订的合同，日立公司为韩国第四大城市大邱提供单轨技术。2009 年，大邱单轨开始施工。2015 年 4 月 23 日，大邱单轨开通。这条 24 km 长的单轨线路连接着大邱市的东南部和西北部，设有两个存储 / 维修站。乘客可以在两个中转站换乘至地铁 1 号线和 2 号线。这条单轨线路上有两座专门建造的跨河大桥和一座斜拉桥。列车是全自动化的，并采用了包括车载灭火系统和螺旋紧急出口等新技术。车窗有雾化玻璃和液晶屏幕，可以保护沿线特定区域居民的隐私不被乘客窥视。与以前的单轨相比，大邱单轨系统采用了一种新的信号系统，可以使发车间隔更短。大邱的高架单轨系统是韩国首个主要的单轨系统。

图片：夏侯·坎特（Jaap Ketel）

图片：日立运输（Hitachi Transportation）

▲ 这是世界上最好看的采用日立技术制造的单轨列车，它的造型是由市民选择的。北部的维护／存储设施位于北终点站——漆谷克伦民族联盟医疗中心站（Chilgok KNU Medical Center Station）

▼▶ 单轨的最北端沿着泊吉奥溪（Palgeo Creek）修建，数以千计的居民生活在高架单轨车站的步行距离内

图片：作者（Author）

图片：卡罗尔·佩德森（Carol Pedersen）

▲ 大邱单轨线上一座跨越锦湖河（Guemho River）的桥梁，它由现代工程建设公司（Hyundai Engineering & Construction）设计并建造

郁郁葱葱的沿线公园美化了沿着东大邱河道的单轨。

图片：作者（Author）

图片：作者（Author）

▼ 新川河（Sincheon River）上的单轨桥 　　▼ 交通冲突？根本不会发生的事！

图片：作者（Author）

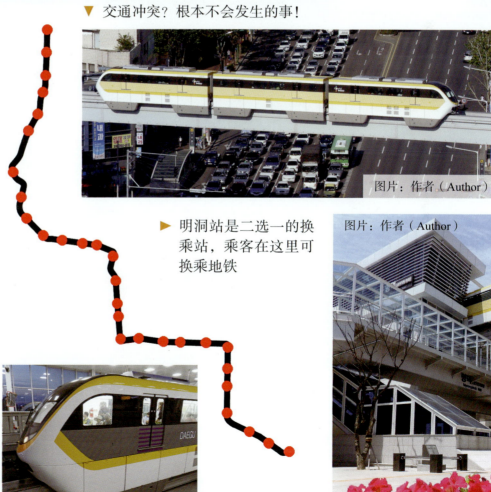

图片：作者（Author）

▶ 明洞站是二选一的换
乘站，乘客在这里可
换乘地铁

图片：作者（Author）

图片：塞尔吉奥·麦兹（Sergio Mazzi）

▲ **圣保罗 15 号线（São Paulo Line 15）** 南美洲的第一个单轨系统，尽管面对富有挑战性的地形，但轨道仍以每月 1 km 的速度安装

▶ **米高梅—巴利单轨（MGM–Bally's Monorail）** 一榀新浇筑的单轨梁被吊起，它距离最终的目的地只有数英里远

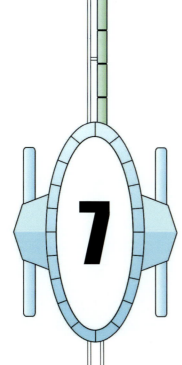

怎样建造单轨交通？

十个简单的步骤

图片：作者（Author）

单轨交通在建造方面比传统铁路有许多优点。为了更好地阐释单轨的关键优势，本章以图文并茂的方式，以拉斯韦加斯单轨的修建为例介绍如何建造单轨交通。

图片：卡洛斯·班吉克（Carlos Banchik）

图片：作者（Author）

第五步：轨道安装

　　轨道梁运输可能随时进行。如果安装的地点位于交通密度大的地区，那么运输和起吊工作就只能在夜晚或者周末进行。轨道梁的安装速度惊人，可以在几分钟内起吊到位。起吊方法多种多样，关键取决于轨道形状和安装位置。

▲ 在制梁场内等待运输的轨道梁

◀ 一榀轨道梁由专门的半挂拖车运到单轨现场

▶ 轨道梁的起吊、安装和固定，只需要很少的工人即可完成

图片：作者（Author）

图片：卡特&伯吉斯公司（Carter & Burgess, Inc.）

◀ 拉斯韦加斯会议中心旁，轨道梁被吊起并安放在高高的墩柱上。为了跨越一个人行天桥，这个地区的轨道架设高度超过18 m

图片：卡特&伯吉斯公司（Carter & Burgess, Inc.）

图片：作者（Author）

▲ 在天堂路天桥上新架设的轨道梁

图片：作者（Author）

◀ 为了避免造成拥堵，天堂路（Paradise Road）沿线的轨道梁只在周末被吊起。0.5 km 长的直线轨道，全部被吊装完成仅用了三个星期日

图片：大卫·M. 艾斯（David M. Ice）

第六步：连接轨道梁

一旦轨道梁被固定就位，就可以用高强度钢绞线穿过孔道将若干轨道梁连接在一起。然后把模板安放在轨道梁之间缝隙处，而后浇筑混凝土，使之连接成型。在混凝土获得强度后，就张拉后张预应力钢绞线。后张预应力增加了结构的整体性和耐久性，同时减少了建造所需的材料的用量。在两梁之间设置双墩柱，可使轨道梁适应在不同气候条件下的膨胀和收缩。

◀ 支好模板，准备在梁段之间浇筑混凝土

双墩柱上的轨道梁伸缩缝。模板已被拆除，混凝土正在硬化。

图片：大卫·M. 艾斯（David M. Ice）

第七步：车站和设施

　　轨道梁施工仅仅是单轨建设中的一部分。其他如车站、变电站、道岔、控制中心、存储和维护设施等同样需要建造。

▶ 悬臂车站的钢结构安装初具规模

◀ 要提前考虑包括以后线路扩建所需要的道岔，图中的平台是为线路延伸到拉斯韦加斯大道西侧而修建的，它建在拉斯韦加斯（原希尔顿）

▼ 图中的终点站布置有交叉道岔，以适应列车行驶中的方向逆转

图片：作者（Author）

图片：作者（Author）

第八步：完工

　　最终要完成这项工作还有许多细节需要处理。轨道需要电力，所以要将母线放好。如果需要，还应添加应急通道。车厢通常在导轨可以用于测试之前就从很远的工厂运来，需要将它们从卡车上吊起，放在轨道梁上，开进车库。在车库中将车厢连接成列车，还需要对列车进行测试。

图片：大卫·M. 艾斯（David M. Ice）

正在进行电力母线和应急通道安装。

图片：作者（Author）

▲　为轨道梁服务的简易移动平台，它可以完成母线安装和轨道梁微调

▼　单轨列车车厢从装配厂用卡车运来，吊装到位后缓缓驶入存储／维护基地，在那里车厢被连接成列车

图片：约翰·弗洛雷斯（John Flor

图片：作者（Author）

第九步：测试

没人想让乘客进入未经测试的系统并开始运营，所以应该对您刚建好的系统进行严格的测试。测试的仿真项目包括放置充水的水箱以模拟乘客的重量。测试时总能发现软件故障，我们需要找到故障并修复它们。

2004 年 7 月 14 日，为庆祝拉斯韦加斯单轨（Las Vegas Monorail）落成而专门举行的 VIP 庆祝仪式。

图片：作者（Author）

第十步：开业！

举行一个 VIP 派对，开一瓶香槟！让您的公关部门在这里宣传您新建成的单轨。当这神奇的时刻到来时，欢迎第一批乘客上车，恭喜您！

悬挂式单轨如何施工？

就施工过程而言，悬挂式单轨与跨座式单轨非常相似。梁和墩柱在施工现场外预制，运到施工现场进行安装。就是这么简单！

1956年，位于休斯敦（Houston）的古德尔式单轨（Goodell Monorail）测试轨道的施工现场。

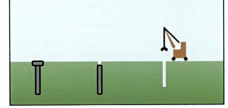
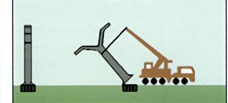
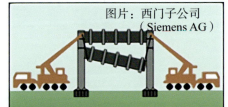

图片：西门子公司（Siemens AG）

赛飞机式单轨的测试轨道。

▲ 简化的空中轨道列车（H-BAHN）快速施工顺序图

▶ 位于德国埃尔兰根（Erlangen）的空中轨道列车测试轨道的施工现场

我们应当担心地震吗？

　　在过去的 50 年里，现代单轨经受住了许多场地震，而且这些早期的古德尔单轨（Goodell Monorail）墩台和轨道的测试会给您更多的安慰。请记住，这些照片拍摄后，单轨的工程技术更加先进了。

图片：作者（Author）收集

▲ 阿克塞尔·伦纳特·温纳－格伦（Axel Lennart Wenner–Gren）温纳－格伦是阿尔维格（Alweg）公司的创始人，图中他正在驾驶试验列车

▶ 只需将它发扬光大！ 单轨推动者基思·沃尔斯和罗德尼·卢瑟福在西雅图选举期间走上街头为单轨助阵

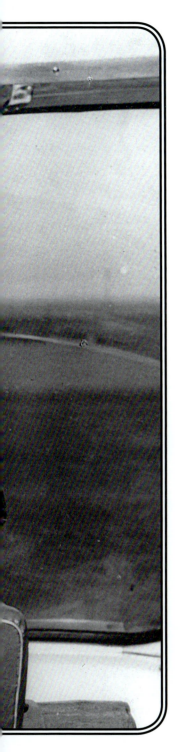

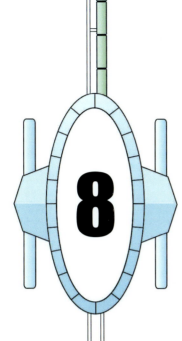

单轨推动者

技术发明者、拥护者及追随者

图片：作者（Author）

单轨交通发展的最重要的因素是那些相信单轨和推动单轨的人。他们无数次地被人称为"疯子"，但是当他们的梦想实现的时候，他们被誉为"有远见的人"。

单轨的历史中涌现出许多散发着诱人魅力的技术。那些发明、推广和着迷于单轨技术的人和那些技术一样有魅力。这样的人数以千计，本章将努力介绍那些涌现在单轨世界中的各种人物。

乔·文森特·梅格斯
（Joe Vincent Meigs）

19世纪最前卫的单轨雏形属于乔·文森特·梅格斯。梅格斯上尉（Captain Meigs）因为在内战中组织并指挥了第一个黑人炮兵团而闻名。战争结束后，在马萨诸塞州的剑桥，乔·文森特·梅格斯发明并展示了他的单轨列车。多年来，他屡次在立法委员前为他的单轨系统辩论，并因此在波士顿闻名。1907年，波士顿环球报（Boston Globe）在乔·文森特·梅格斯的讣告中写道："他很谦虚、安静，但精力充沛，具有丰富的轨道知识和建造短距离快速交通的能力。"

路易斯·布伦南（Louis Brennan）

路易斯·布伦南最初是澳大利亚的一个钟表匠。1874年，他发明了一种可操纵鱼雷，并成功地推销了他的专利，从而获得了一大笔钱。从1896年至1907年，他是布伦南鱼雷公司（Brennan Torpedo Company）的一名咨询工程师。1903年，他发明了一种陀螺稳定单轨。他先用一个缩尺模型展示，然后在英格兰的吉林汉姆（Gillingham，）展示了一个全尺寸的可搭载40名乘客的单轨列车。该原型完美无瑕，布伦南随后将它展示给军方、科学家和工程师。20世纪20年代，布伦南继续致力于创造发明，为皇家航空研究院（Royal Aircraft Establishment）研发了一架从未造出来的直升机。1932年，这位交通运输的创新者在瑞士蒙特勒死于车祸。

尤金·兰根（Eugen Langen）

正如第 3 章所讲，单轨的历史始于 19 世纪初尤金·兰根在伍珀塔尔展示的悬挂式单轨从其他单轨方案中脱颖而出。正因为如此，德国伍珀塔尔的悬挂式单轨成为世界上运行时间最长的单轨交通。

出生于 1833 年的兰根是一名工程师、发明家，他花费了大量的时间与尼可劳斯·奥古斯特·奥图（Nikolaus August Otto）合作。他们的公司改进了汽油发动机，并获得了 1867 年巴黎世界博览会的大奖。

兰根专门为柏林市发明了单轨道悬挂式轨道交通。但这种轨道交通却在 1887 年至 1903 年间被修建在巴门（Barmen）、埃尔伯菲尔德（Elberfeld）和凡温科尔（Vohwinkel）。后来这些城市合并成伍珀塔尔。可悲的是，兰根并没有在有生之年看到悬挂式单轨的建成。兰根于 1895 年去世，5 年后即 1900 年，凯瑟维根（Kaiserwagen）驾驶以兰根命名的列车进行了第一次运行。幸运的是，兰根将自己的单轨发明专利卖给了洲际电气协会（Continentale Gessellschaft für Elecktrische Unternehmungen），该公司同意建造一个样机，以推动了单轨技术的发展。

兰根的发明继续发扬光大。一个世纪以后，凯撒·弗里德里希·威廉二世（Kaiser Friedrich Wilhelm Ⅱ）第一次乘坐了单轨交通。

乔治·D. 罗伯茨（George D. Roberts）

20 世纪的前 50 年里涌现出了许多关于建造单轨的建议。1946 年，乔治·D. 罗伯茨将人们对这种技术的关注度提高到了一个新水平。作为单轨工程和建造公司的总裁，在 20 世纪 40 年代至 60 年代间，罗伯茨曾为洛杉矶、旧金山、底特律、加拉加斯和其他城市提供过单轨建造计划。罗伯茨通过发行股票和创建行业联盟来获得资金支持。他成立了伦敦国际单轨有限公司（Londonbased International Monorail Limited），这促进了全球范围内单轨的发展。新闻界经常称罗伯茨为单轨先生。一开始，罗伯茨把目光放在伍珀塔尔的悬挂式单轨（Schwebebahn）上。但后来，转而青睐于钢轮赛飞机式（Safege）单轨。虽然 1958 年的革命结束了加拉加斯（Caracas）的单轨项目，但是罗伯茨把推广单轨最大的困难归结于单轨损害了石油公司、公交车和传统铁路的利益。

Subway in the Sky!

1. Commuters in Los Angeles soon may rush to work by this monorail overhead transit system, unhampered by street level traffic. Super-streamlined 100-passenger cars can travel safely at speeds up to 100 miles an hour. The 44-mile run through metropolitan Los Angeles will cut the present commuting time in half.

▲ 具有讽刺意味的是，1953 年的一个大陆石油广告（Continental Oil ad）以罗伯茨建议洛杉矶建造单轨为亮点

▼ 1951 年的单轨股票证书

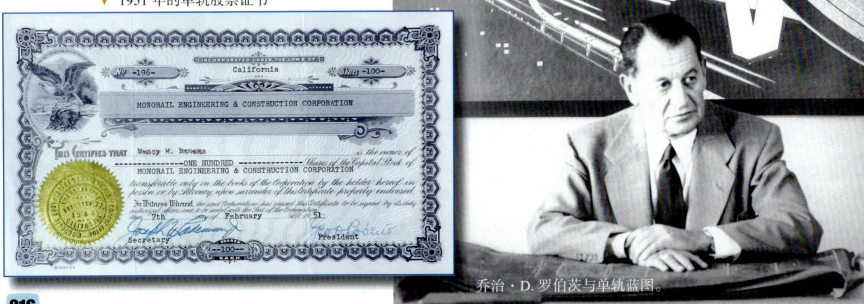

乔治·D. 罗伯茨与单轨蓝图。

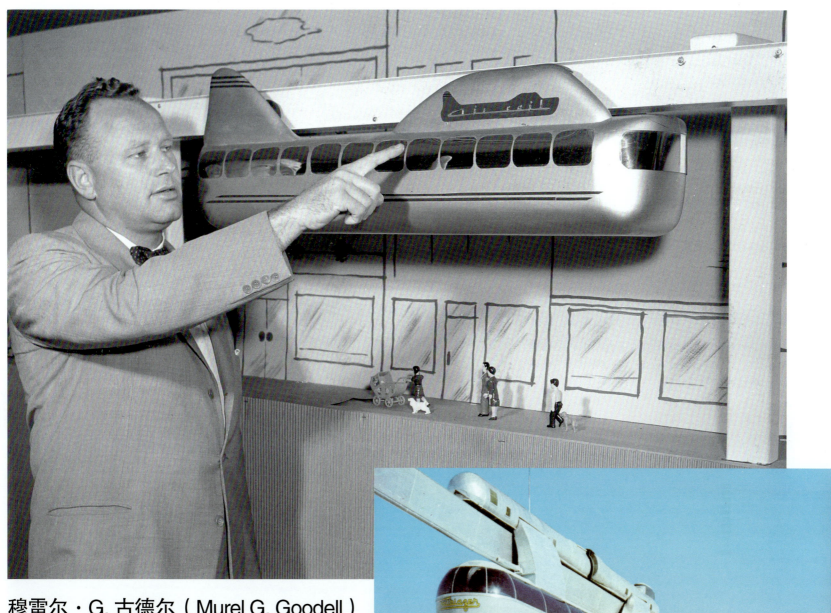

穆雷尔·G. 古德尔（Murel G. Goodell）

20 世纪 50 年代至 60 年代，得克萨斯商人穆雷尔·G. 古德尔是另一个推动单轨发展的卓越先驱。古德尔的单轨公司在休斯敦和达拉斯展示了他们的单轨技术。古德尔告诉芝加哥的一家报纸："第一个建造单轨的城市将会惊讶于建造的低成本、安装的快速和丰厚的利润。"1963 年，该公司收到了来自洛杉矶交通运输管理局（Los Angeles's MTA）的一封信，邀请他们为该市建造一条从市中心到机场的单轨线，但一直没能建成。在北美洲，古德尔提出了许多其他的建造单轨系统的建议，但是只有达拉斯州博览会（Dallas State Fair）和休斯敦娱乐场（Houston's Hobby Field）的短距离单轨被投入到商业运营中。

▲ 1956 年至 1964 年，古德尔的第一个单轨样机在达拉斯州博览会上亮相，乘坐一次仅需要 25 美分，这使得该单轨成为美国的第一条商业化运作的单轨

1952 年，温纳 – 格伦负责的第一个测试轨道。

图片：拉尔夫·克兰（Ralph Crane）

阿克塞尔·伦纳特·温纳 – 格伦
（Axel Lennart Wenner–Gren）

瑞典慈善家 / 大亨——温纳 – 格伦在单轨技术上的成功超越了其他任何人，但他有生之年没能看到这一切的发生。温纳 – 格伦终生都对应用性研究感兴趣，尤其对交通运输感兴趣，这始于 20 世纪初。虽然他参与了许多发明，但是真正使他成为世界上最富有的人的发明是真空吸尘器。他创立了伊莱克斯公司（Electrolux），并通过天才般的推广和销售，使得吸尘器成为世界上的日常生活用品。他与德国的商业关系导致了美国政府出于政治动机将他列入战时黑名单。事实上，温纳 – 格伦曾亲自告诫罗斯福总统关于希特勒的野心，他甚至自愿作为德国和英国之间的和平使者，尽管他为和平所做的努力最终失败了。"二战"结束后，他发明的阿尔维格式单轨系统为他赢得了许多国际上的关注。从 1952 年开始，陆续在德国建了几种不同的测试轨道。温纳 – 格伦在世时，亲眼看到迪士尼乐园、加州和意大利都建设了阿尔维格式单轨交通。在与癌症战斗了两年后，温纳 – 格伦于 1961 年去世，享年 81 岁。他的商业帝国在他去世后不久就崩溃了。他的阿尔维格式单轨公司同样失败了，但是他的单轨技术是成功的。因为时至今日，其他几家公司依然在规划和建设阿尔维格式单轨。

图片：作者（Author）

▲ 吉隆坡单轨——来自西雅图阿尔维格式单轨蓝图的逆向工程的产物

图片：作者（Author）

▲ 意大利都灵（Torino）1961 年世博会建造了阿尔维格式单轨，这是温纳 – 格伦有生之年建造的最后一条单轨

图片：阿丽亚纳·戈容（Ariane Gojon）

▲ 退休后的卢西恩·费利克斯·查德森

▼ 千叶市的小镇单轨

图片：作者（Author）

法国卢瓦尔河畔新堡（Chateauneuf sur Loire）的赛飞机式测试轨道。

卢西恩·费利克斯·查德森
（Lucien Félix Chadenson）

工程师是卢西恩·费利克斯·查德森一生的职业。他的专长是桥梁设计。在 20 世纪 40 年代末，他对改善交通的兴趣使他将橡胶轮胎和悬挂轨道的技术结合起来。他将轨道的运行表面封闭在梁内，以保护它免受天气的影响。在法国政府和众多法国公司形成的赛飞机联盟的支持下，查德森于 1960 年成功地建造并运行了一条测试轨道。该轨道原型被广泛用于测试，直到它在 1970—1971 年被拆除。法国人从未使用过这种技术，但日本人曾经用过。首先，他们在名古屋建造自己的赛飞机式单轨原型，然后在湘南和千叶市成功地建立了赛飞机式单轨线路。德国西门子公司后来开发了空中轨道列车（H-Bahn），它是基于赛飞机技术的小型单轨。查德森在 1961—1977 年担任赛飞机运输公司的总裁/总干事。他通过几次国际旅行来推动这项技术。1978 年，查德森去世了。

沃尔特·伊莱亚斯·迪士尼
（Walter Elias Disney）

沃尔特·伊莱亚斯·迪士尼因为他对这个世界的娱乐业的巨大贡献而闻名，但是很少人知道他对未来技术也充满了疯狂的热情。据报道迪士尼为了在迪士尼乐园修建悬挂式单轨向古德尔（Goodell）单轨公司提出要约。迪士尼要求古德尔在他的新主题公园里自费建造单轨，如果成功，迪士尼公司将在一年后购买它。对于这个要约，古德尔自认为被这个称之为"漫画家"的人——迪士尼羞辱了，所以他拒绝了这个项目。

此后，迪士尼收到了来自阿克塞尔·温纳－格伦（Axel Wenner-Gren）的更多更好的合作邀请，虽然这些技术最初来源于阿尔维格公司，但是迪士尼公司在单轨交通上拥有许多闪光点，令人印象深刻的是迪士尼单轨

1959年年初，沃尔特·迪士尼在审视鲍勃·格尔制作的迪士尼乐园的 Mark Ⅰ 型单轨效果图［后由约翰·亨池（John Hench）着色］。

图片：贝特曼（Bettman）/考必思（Corbis）

的转弯和攀登能力。梦想家鲍勃·格尔（Bob Gurr）不喜欢德国阿尔维格式单轨的"面包造型"。他为单轨列车增加了一个太空船鼻子和尾翼，这在 20 世纪 50 年代的汽车设计中是很流行的。

至于轨道，工程师们想要简单的直梁，但迪士尼却力推小转弯半径和坡角达 7% 的轨道。如今看来，1959 年建造于迪士尼乐园内的原始轨道仍是阿尔维格式单轨技术在世界上最具代表性的示范。当迪士尼世界度假村在 1971 年开业时，迪士尼修改了阿尔维格式列车，增加了它的尺寸，但仍然比阿尔维格式单轨列车小。迪士尼喜欢展示他的单轨。约瑟夫·W. 福勒（Joseph W. Fowler）是迪士尼乐园副总裁和单轨建设的负责人，他在 1959 年 5 月的一次访问中告诉运输部门的官员："我们将很高兴展示它，并向任何一座有兴趣将单轨作为解决城市公共交通问题的一种可行方案的官员解释它。"

1959 年 6 月 14 日，副总统理查德·尼克松（Richard Nixon）及家人与沃尔特（Walt）和莉莲·迪士尼（Lillian Disney）在单轨运营典礼上。

图片：尼克松总统图书馆（Nixon Presidential Library）

▶ 鲍勃·格尔驾驶着载满贵宾的第一列 Mark Ⅰ 系列车

图片：作者（Author）的收集

◀ 1961 年，沃尔特·迪士尼戴着安全帽近距离视察迪士尼酒店站的施工

图片：拉尔夫·克兰（Ralph Crane）

图片：雷·布拉德伯里（Ray Bradbury）：苏菲·巴苏尔（Sophie Bassouls）/西格玛（Sygma）/考比斯（Corbis）
图片：西雅图阿尔维格（Seattle Alweg）：作者（Author）

雷·道格拉斯·布拉德伯里（Ray Douglas Bradbury）

　　布拉德伯里以他70年的从业经历激励了几代读者。作为一位多产的作家，他不仅写书，还写故事、诗歌、散文、歌剧、话剧、电视剧与电影剧本，他的代表作包括《华氏451》（*Fahrenheit 451*）、《火星纪事》（*The Martian Chronicles*）和《人的阐述》（*The Illustrated Man*）。他坚信单轨的优势。1963年，阿尔维格公司提议将单轨扩建到洛杉矶地区，他热情地为支持阿尔维格式单轨而辩论。2001年，在写给"E"票务杂志的一篇文章中，布拉德伯里写道：

　　在洛杉矶，汽车已经占领并几乎摧毁了这里的文化。在我的作品和演讲中，我用了迪士尼乐园单轨列车作为证据材料。每到一个地方，我就会讲："瞧，正是单轨交通的理念使这里变得优越。"首先，它不像那种在芝加哥的老火车那样高。它在空中运行，但不产生噪声，您几乎听不到它的声音。最重要的一点是它建在地面交通的上方，速度比地面交通高。我们每年在高速公路上增加大约十万辆汽车，过不了几年道路就堵得不能使用了。当我还在任布拉德利（Bradley）市长的快速交通顾问时，我就极力想阐释这一点，我使用了阿尔维格式单轨系统作为例子，并说："看在上帝的份上，不要再修建地铁了！"

　　布拉德伯里2006年在洛杉矶时报（Los Angeles Times）社论发表名为《洛杉矶的未来在空中》（*LA's Future is up in the air*）的文章，再次为单轨交通辩护，布拉德伯里在2012年去世，享年91岁。

◀ 布拉德伯里强烈抗议洛杉矶郡县官员在1963年做出的拒绝阿尔维格公司交钥匙的决定，如果不是这个决定，洛杉矶将拥有一条长70 km的免费的单轨线路

迪克·L. 法肯巴瑞（Dick L. Falkenbury）

出生在西雅图的迪克·L. 法肯巴瑞，多次见证了建于 1962 年的短程但却高效的阿尔维格式单轨在城市街道上方快速、安静地行驶，他对这座城市的每条道路都很熟悉。他坚信政客们在轻轨计划上走错了路。他用手绘的写有"发展单轨"的标语，收集单轨倡议者的签名。他的 41 号提案计划修建一条 87 km 长的 X 形单轨线路，在 1997 年被选民投票通过。随着时间推移，选民投票通过了另外三项有关单轨的提议。不论在新闻界还是在基层的单轨推动者中，法肯巴瑞都成为了受欢迎的人。他为单轨委员会服务了六年，却从未领取报酬。但由于那些糟糕的决策者和那些永无休止的反对者，最终西雅图单轨项目没有被通过。在他的《让交通穿行在马路上方》一书中，法肯巴瑞总结了西雅图基层支持者们的努力：这个计划是建立一个独一无二的公共交通系统。它会很安全、高效，并且很经济。它可以安全地、快速地输送乘客。它会盈利，并且不需要花纳税人的钱，而资金是公共交通的主要支撑。它不会和其他交通方式有冲突。它是无污染和清洁的。它的乘坐体验也会是真正意义上的空中旅程。

图片：摄影师瑞克·丹姆斯（Rick Dahms）

迪克·L. 法肯巴瑞站在西雅图单轨上。

图片：莱因哈德·科瑞舍（Reinhard Krischer）图集

莱因哈德·科瑞舍（Reinhard Krischer）

2000 年，莱因哈德·科瑞舍创建了一个关于阿尔维格式单轨的一个内容丰富的网站（alweg.com）。他把这个网站献给了他的父亲——罗尔夫·科瑞舍（Rolf Krischer），原阿尔维格公司的一名机械工程师。科瑞舍是一位对阿尔维格式单轨技术及其未来充满坚定信仰的人。在 2003 年，他撰写了一本有关单轨主题的权威书籍《阿尔维格式单轨：艺术、历史、未来、传奇》。

◀ 时隔五十年，莱因哈德·科瑞舍站在以前阿尔维格式单轨的测试地点，手中拿着一枚纪念西雅图阿尔维格式单轨在 1962 年开始运营的纪念章

▲ 大卫·M. 艾斯（David M. Ice）在拍摄吉隆坡单轨宣传片时小憩。艾斯已经为单轨协会制作了几张 DVD 宣传片

在一次日本单轨考察中，肯·斯赖雷特（Ken Streit）注视着北九州单轨。

单轨协会
（The Monorail Society）

"哇，为什么不在我们的家乡建造单轨？"这是对单轨交通最常见的评价，然而直到 1980 年年末，还没有一个能包含全部单轨信息的平台，同样也没有单轨支持者或粉丝团体的存在。而那些推崇其他交通形式的人错误地宣称"根本就没有单轨交通"，这在那个年代非常常见。这样的策略一次又一次成功地阻止了单轨交通的发展。

1989 年，吉姆·A. 佩德森（Kim A. Pedersen）（本书作者）建立了单轨协会（The Monorail Society）。这是一个公益组织，致力于让更多人认识单轨，并通过教育促进单轨技术的传播。单轨协会（TMS）利用他们的网站 monorails.org 和纪录片做到了这一点。该协会最初的目标是拥有 30 名会员，目前会员已超过 7 000 人，分布在 90 多个国家。

单轨协会成员的努力，已经使很多人认识到单轨是一种合理的交通工具。许多单轨项目直接从单轨协会成员的努力中获益。参与世界各地的单轨项目的专业人士纷纷称赞单轨协会是获得单轨领域信息的重要来源。

第 8 章已经着重介绍了单轨发展历史中涌现出的许多贡献突出的人和今天单轨协会的成员。单轨协会的成员包括粉丝和专业人士，他们拥有一个共同的目标：应该有更多的单轨交通来帮助人们出行。

单轨推动者聚集在一起，庆祝一条著名的单轨运营50周年。

▶ 交通工程师卡洛斯·班吉克（Carlos Banchik），现担任国际单轨协会（International Monorail Association）主席

本页图片：作者（Author）

格伦·巴尼（Glenn Barney）——曾经的西雅图中心单轨总经理，是阿尔维格式单轨先进技术的忠实崇拜者。

图片：作者（Author）

早在任何倡导单轨的团体出现之前，艾伯特·G.纳麦尔（Albert G. Nymeyer）——法国的咨询工程师，就已经花了多年的时间来研究和讲述单轨交通。图为纳麦尔在检查赛飞机式单轨的测试轨道。

图片：作者（Author）

▲ 泰瑞－琳恩·惠勒（Teri-Lynn Wheeler）在一辆Mark V系单轨列车的控制室对单轨深情表白："我爱它们！我相信它们及它们作为真正的交通工具的重要性。"

在孟买留影的铁路摄影师卢克·施塔肯堡（Luke Starkenburg）。

▲ 罗布·A.凯利（Rob A. Kelly），加利福尼亚州电影制片人，花了两年时间制作有关高科技单轨的电视节目和DVD

图片：RAK 制作

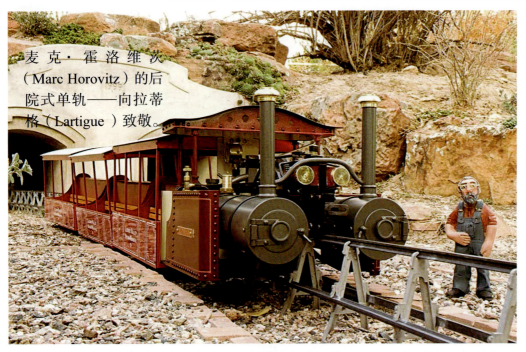

麦克·霍洛维茨（Marc Horovitz）的后院式单轨——向拉蒂格（Lartigue）致敬。

制造者眼中的单轨

从轨道交通发展的早期开始，制作缩尺模型一直是轨道交通迷的爱好。20世纪60年代，舒克（Schuco）卖出了第一台可行驶的级别为HO（比例约为1∶87）的模型单轨列车。那些迪士尼-阿尔维格式单轨列车模型现在已经成为高价收藏品了。近年来单轨交通的发展越来越好，这激发了新的模型制作热潮。业余爱好者不断提出他们自己的创意设计，一些制造商可以同时提供运行版和静态版的单轨模型。本页图片中准备组装的高端单轨模型，分别是芦茨-希尔谢尔（Lutz Hielscher）制作的级别HO单轨、级别N（比例为1∶160左右）单轨与富士见（Fujimi）公司制作的东京单轨（比例为1∶150）的列车与轨道模型。

▼ 芦茨-希尔谢尔制作的伍珀塔尔式悬挂式单轨模型，具有完善的细部功能

良治·和田（Ryoji Wada）以独一无二的作品呈现短命的横滨梦幻单轨。

正雄日高（Masao Hidaka）公司的乐高单轨玩具，其特点是具有精确遥控的道岔。

日本富士见（Fujimi）公司制作的东京1000型单轨模型。

詹姆斯·霍尔卡（James Horecka）把一个别人眼中的"周末笑话"项目开发成了功能齐全的小狗捷运单轨。在雪莉·艾伦（Shirley Allen）的帮助下，哈里克在制造商展览会上展示了他的小狗捷运单轨。

极限建模

作者自己制作的纳尔斯（Niles）模型是第一个后院式可骑行单轨模型。斯凯勒·佩德森（Skyler Pedersen）开着它穿梭在房屋背后，弟弟科瑞·佩德森（Kory Pedersen）正在驶离"厨房观光站"。

本页图片：作者（Author）

收藏品

图中呈现的是单轨推动者的收藏品。和许多其他的爱好和兴趣一样，收集是一个粉丝最喜欢的消遣方式。不过单轨交通也不会令您失望。现在它的收藏品也是成千上万。

图片：蒂森克虏伯工程有限公司（ThyssenKrupp Transrapid GmbH）

▲ 上海磁浮列车（Shanghai Maglev） 磁浮列车（Transrapid）从车站驶出，驶向浦东机场站

▶ 单轨的未来？ 单轨交通的未来效果图

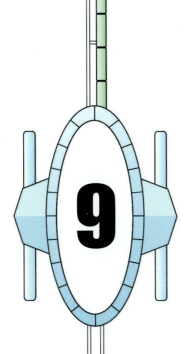

单轨交通的未来

接下来我们可以期待什么呢？

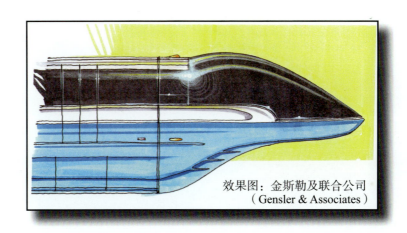

效果图：金斯勒及联合公司
（Gensler & Associates）

一百多年来，单轨交通一直被看作是"未来的列车"。在世界的许多角落，这个未来已经到来。现在，单轨的建造频率越来越快，但是对于未来，我们还可以做什么期待呢？

已经逝去的未来 vs 真正的未来

未来艺术的效果图能使我们对未来生活充满兴奋的期待。从这张图可以看出，设计师的想法并不总是与工程师的知识相吻合。

在 1901 年伍珀塔尔的悬挂式单轨运行之后，其突破性的技术被全世界富有想象力的设计师所青睐。一组名为"展望未来"的系列明信片，以悬挂式单轨列车穿越许多著名城市的地标性建筑为主题。在这组明信片中使用了代表未来交通方式的飞艇、热气球。

未来的想象有时会变成现实，但是人们不应该相信每一个预言。今天，超越常识的对未来预测的实践仍在继续。所以对于单轨，哪些是我们可以真的期望的呢？它们将会建造在哪里呢？

当准备写这一章内容的时候，我咨询过直接从事单轨行业的专业人士，请他们来推测这个行业的未来。他们的回答及我自己的一些观察与想法都反映在这一章中。许多在今天看来是大胆的预言，实际上是可能的，但时间会告诉我们真正的未来是什么样的。全世界对单轨的接受与应用依然是一个不断发展的故事。

第 232 ～ 233 页：从 20 世纪 30 年代到 60 年代反映航空主题的单轨效果图。

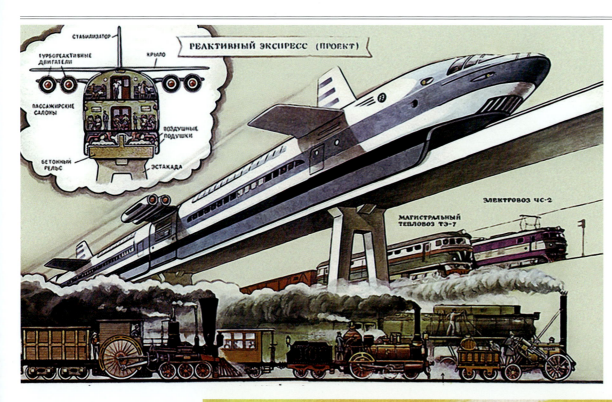

一个 20 世纪中期的俄罗斯插图：庆祝单轨的历史，以及对大喷气式动力单轨的展望

20 世纪 60 年代，美国杂志中有关单轨的艺术设计依然是喷射推进式单轨。显然，对一些设计师而言，他们并不会认真考虑噪声的问题

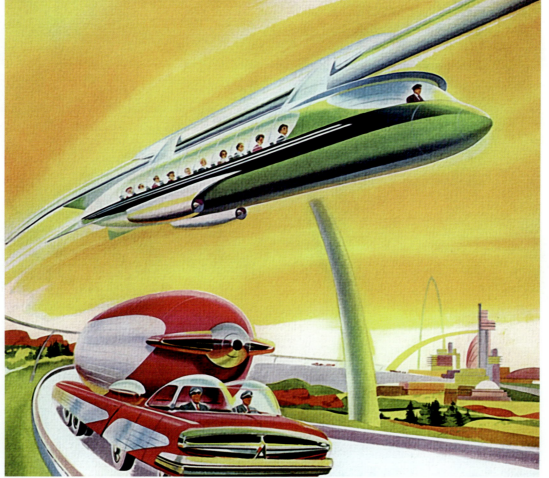

迪士尼首创的拱形梁

图片：作者（Author）

轨道

在基于赛飞机式和阿尔维格式的现代单轨技术广泛应用的五十年中，改善乘坐体验的努力一直在进行，轨道制造精度的提升是其中的一个重要环节，环境美学也将继续影响单轨的改进。1971 年，沃尔特·迪士尼世界度假村引入了可以跨越更长跨度的造型优美的拱形梁。试验室也正在研究可以使支座之间的轨道跨度更长的新材料。

图片：庞巴迪运输公司（Bombardier Transportation）

◀ 庞巴迪（Bombardier）在加拿大金斯顿（Kingston）为它们的新型英诺（Innovia）单轨 300 型列车修建了 1.8 km 长的测试轨道。这些梁有着极其严格的误差限制，努力使轨道趋于完美

▶ 英特敏（Intamin）的设计师为意大利博洛尼亚市设计了马可尼（Marconi）快速单轨列车。这个设计方案在轨道梁面的向阳处及车站的顶部布置太阳能面板。在单轨交通中使用太阳能会是未来单轨的发展趋势吗？或者由此产生的额外成本会制约太阳能在单轨交通中的应用

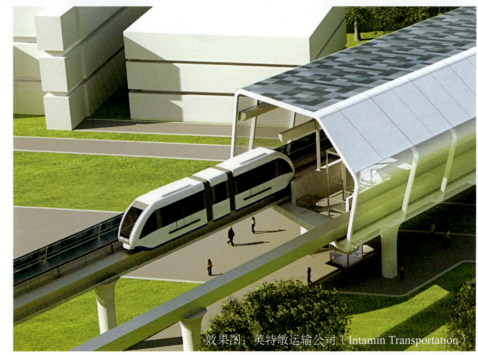

效果图：英特敏运输公司（Intamin Transportation）

车站

　　建筑对于任何公共交通系统都是一个重要的元素。单轨车站有很高的辨识度，并且建筑师已经找到各种方法在保证它们的功能的同时，美化它们的外观。当车站建在街道中间时，如何使它们吸引公众的眼球就显得更加重要。车站也将随单轨一起发展，巧妙的设计将使车站有无限的与当地环境融为一体的可能。

► 为尚未建造的英国朴次茅斯（Portsmouth）单轨设计的夸张的拱形车站

◄ 为伊朗的库姆（Qom）单轨设计的车站

▼ 为规划中的巴拉达蒂茹卡（Barra da Tijuca）系统建造的靠近巴西里约热内卢的现代化车站

图片：英特敏运输公司（Intamin Transportation）

图片：庞巴迪运输公司（Bombardier Transportation）

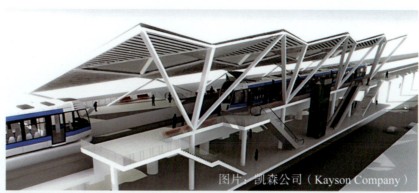

图片：凯森公司（Kayson Company）

位于吉隆坡的帆布顶单轨列车车站。

图片：大卫·M. 艾斯（David M. Ice）

列车

单轨制造商已经在列车制造技术方面取得了很多进步。在过去的数年里，所有主要的单轨制造商都推出了它们的新列车，并且每一种都比它们的上一代更好。在这个页面上的每个渲染图都可能发展为真正的列车。新产品专注于提高公共交通系统的性能，并发展为国际公共交通的标准。新材料也被用于列车制造，以实现承载力大和质量轻的目标。随着对更高效率的追求，能量消耗和生命周期成本将随着更轻的列车的发展而变得更低。越来越好的软件和硬件也被应用于单轨列车的设计。在不久的将来，还将推出自推进列车，它利用电容实现再生制动，其转向架对轨道梁有更高的适应性，配合更好的轮胎，可以为乘客提供更舒适的乘坐体验。

三菱公司的城市飞行器。

效果图：三菱重工业株式会社（Mitsubishi Heavy Industries，Ltd.）

庞巴迪的英诺 300 型单轨列车。

效果图：庞巴迪运输（Bombardier Transportation）

日立的大型单轨列车。

效果图：日立运输系统（Hitachi Transportation Systems）

效果图：FCF SpA

▲ 费诺铁路建设 SpA 公司（Furnò Costruzioni Ferroviarie SpA）的单轨列车

效果图：杰克·沃勒（Jack Waller）

▲ 史格米·苏特拉（Scomi Sutra）的单轨列车

► 麦特轨道（Metrail）的先锋混合动力列车奔跑在马来西亚尼莱（Nilai）的测试轨道上。随着越来越多的小城市开始走上节约、可持续型发展道路，将会出现越来越多的混合动力列车

◄ 高速单轨已经被谈论很长时间了，比如计划中的科罗拉多（Colorado）单轨。更快的单轨会被建造与测试吗

▼ 先进的箱型梁悬挂式单轨继续被推崇，包括高速钢轮的版本。这里展示的是为加拿大蒙特利尔渲染的 UbiCiT 单轨

图片：作者（Author）

效果图：弗雷德里克·劳林 - 拉德隆（Frédéric Laurin-Lalonde）

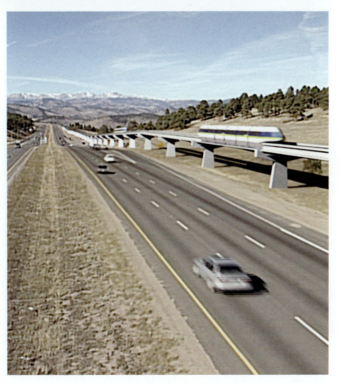

磁浮单轨

列车是否能在不接触轨道的情况下行驶，并达到飞机的速度？这看起来是不可能的，但是如今的磁浮列车（Maglev）做到了这一点。虽然现在磁浮列车在技术上已经实现，但其正在遭受那些单轨发展时曾经面对过的问题。磁浮列车的优点主要是不接触轨道梁，并且它们是安静的、环境友好的、能平滑行驶的、快速的、安全的运输工具。磁浮列车已经通过广泛的测试，其可行性也得到证明，目前服务于德国、日本、中国与韩国，但是仍有许多磁浮列车提案在它们的规划阶段就被扼杀了。虽然磁浮列车的轨道梁和单轨轨道梁在设计上有所不同，但仍有些磁浮列车和单轨列车一样跨坐在它们的轨道上。归根结底，磁浮列车能否成功还是市场说了算。

图片：蒂森克虏伯工程有限公司
（ThyssenKrupp Transrapid GmbH）

▲ 靠近德国埃姆斯兰（Emsland）的磁浮列车测试轨道

▲ 除了购买磁浮列车系统，中国还开发了自己的城市磁浮列车

图片：蒂森克虏伯工程有限公司（ThyssenKrupp Transrapid GmbH）

▲ 2004 年，上海磁浮列车（Maglev）开始运营，它是世界上第一条商业运营的高速磁浮列车专线

▲ 韩国机械与材料研究所（Korea Institute of Machinery and Materials，KIMM）——城市磁浮项目研究中心（Center for Urban Maglev Program）的列车

▲ 韩国仁川国际机场的磁浮列车（Maglev），途径机场商务园区和永耀梅（Yongyoo Mui）娱乐休闲圈。整条线路长 6.1 km，有 6 个车站。该线路的未来规划是绕着机场所在岛屿建成环线

▶ 自 20 世纪 60 年代开始，日本一直在发展高速城市磁浮列车。右图显示的是城市磁浮列车的雏形。经过广泛的测试，东部丘陵线磁浮列车于 2005 年在名古屋开始运营，运行速度可达 100 km/h

图片：日本中低速磁浮系统开发公司（HSST Development Corp）

效果图：通用原子航空公司（General Atomics）

◀ 通用原子公司在美国圣迭戈建立了第一条全尺寸的 122 m 长的磁浮列车测试轨道。这条线路可以动态测试该公司的磁浮、推进和引导系统，用于实现悬浮的钕铁硼磁体是无源的（无电磁铁），它们以海尔贝克阵列（Halbach Array）的形式安装在列车上，列车通过导轨上的线性同步电动机提供动力。列车上没有有源电力系统，这使得设计更轻、更经济的磁浮列车成为可能

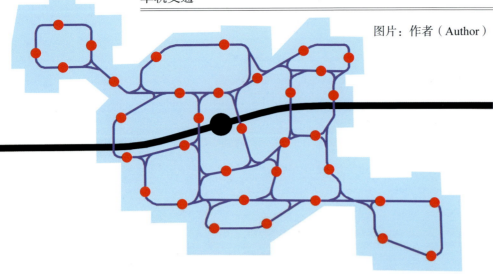

图片：作者（Author）

▲ 连接到线性公共交通系统的全市个人快速交通网络图

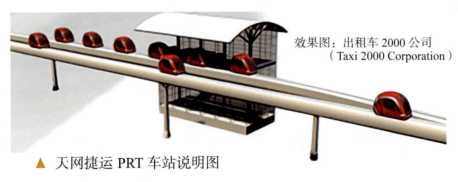

效果图：出租车 2000 公司
（Taxi 2000 Corporation）

▲ 天网捷运 PRT 车站说明图

▼ 更大的英特敏 PRT 单轨方案取代了伊利诺伊州罗斯蒙特
（Rosemont）的示范项目

图片：英特敏运输公司（Intamin Transportation）

个人快速交通

个人快速交通（PRT）是一种交通运输系统，它的特点是小型车辆自动运行在网状轨道梁上。PRT 的独特性在于乘客有自己的专属线路，直达终点站，无须在其他站点停车。每个车站都有专用线路，这就使得车辆可以从它们旁边绕过。从本质上讲，PRT 系统是在地面上空的轨道上运行的一个自动化的出租车系统。虽然一些小的演示系统早已建成，但是迄今为止还没有建成单轨形式的 PRT 交通系统。由于 PRT 车辆体积小、质量轻，所以需要的轨道和支撑系统要比大多数公共交通系统小得多。但也并不是所有的 PRT 系统都能使用窄小的单轨轨道。PRT 的推广者注意到了乘客在使用这种交通工具时的隐私性，同时也认为相对较低的安装成本有利于形成一个覆盖面广的轨道和车站网络。PRT 网络可以作为大型公共交通系统的馈线系统，它比公共汽车和出租车更快。

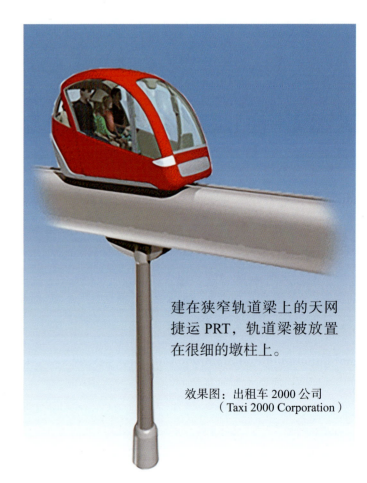

建在狭窄轨道梁上的天网捷运 PRT，轨道梁被放置在很细的墩柱上。

效果图：出租车 2000 公司
（Taxi 2000 Corporation）

图片：天网捷运（SkyTran）

▲ 加利福尼亚州的美国国家航空航天管理局的艾姆斯研究中心（NASA Ames Research Center）开发出了一个全尺寸的磁浮空中PRT列车样机。该公司与以色列航天工业公司（Israel Aerospace Industries）合作，在特拉维夫（Tel Aviv）附近修建了测试轨道

▼ 设计师在图中展示了简约化设计的天网捷运列车站、辅助线，以及PRT正线

效果图：高架列车

在绿色中穿行的绿色列车

1991年，怀俄明州的参议员马尔科姆·沃洛普（Malcolm Wallop）为解决黄石国家公园、约塞米蒂国家公园和德纳利国家公园严重的汽车拥堵问题，提出立法研究单轨交通。一些环保人士为之叫好，另一些人则将其嘲笑为"米老鼠的想法"。在迪士尼乐园中已经正名的单轨交通再一次成为反对者反对新技术的案例。愤世嫉俗者最终获得了胜利，国家公园继续被汽车所统治。在国家公园建造单轨的想法可行吗？安全、清洁，性价比高的单轨能像它们在城市地区那样服务于荒野地区吗？安静运行的列车、印有伪装画的轨道、藤蔓覆盖的墩柱能够减轻自然爱好者对交通设施破坏自然的关注吗？其实，在乡下已经有单轨交通的实例了，一些在主题公园中运营，一些在真正的荒野地区运营。中国和韩国有几个这样的例子，用单轨运送乘客，并且禁用污染环境的车辆交通。在未来，其他地方可能也会效仿。

图片：薛国强（Guoqiang Xue/）/Dreamstime 网站

▲ 美国黄石国家公园存在环境污染和交通拥堵问题。曾有人提出了在黄石公园建设单轨的建议，但这个建议遭到了嘲笑

杜塞尔多夫高架列车
（Düsseldorf SkyTrain）

图片：Baloncici/Dreamstime 网站

图片：大金窟单轨（Daegeumgul Monorail）

▲ 韩国的大金窟（Daegeumgul Cave），只有这条登山单轨交通可以到达

图片：雪窦山单轨（Xuedou Monorail）

▲ 在中国偏远的雪窦山，单轨载着游客观光旅行，游客可乘车绕过瀑布，在一个壮观的峡谷处浏览森林风光

1971年，在佛罗里达州沃尔特·迪士尼公园建造的单轨系统，向我们展示了这样一幅场景：绿色环保的列车在草木掩映的轨道上运行，人和动物可以安全地从轨道下面穿过，而安静运行的电动列车不会给周围的环境带来什么干扰。

图片：作者（Author）

图片：作者（Author）

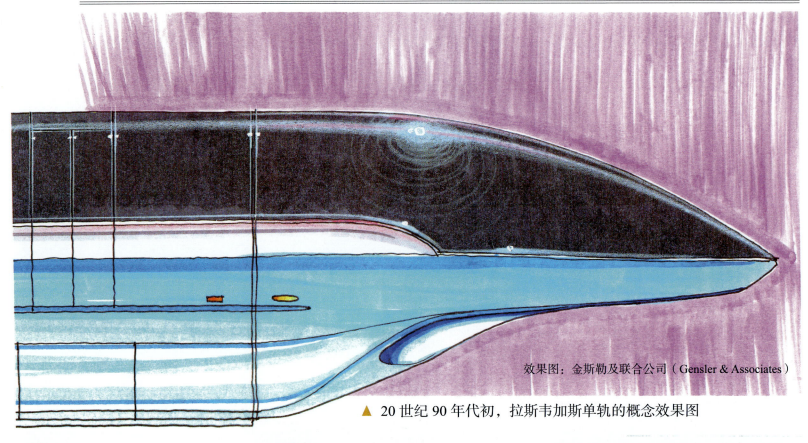

效果图：金斯勒及联合公司（Gensler & Associates）

▲ 20 世纪 90 年代初，拉斯韦加斯单轨的概念效果图

▲ 2000 年，中国空中轨道的
规划效果图

◀ 20 世纪 70 年代，悬挂式
单轨的概念效果图

总结

过去的设计师们创造的一些关于未来的令人兴奋的设计已经得以实现。随着现代单轨交通在 20 世纪 50 年代进入现实生活，人们对未来的交通方式有了更大的希望、兴奋和憧憬。但是除日本外，其他国家和地区对单轨的期望在 20 世纪之后的几十年间却渐渐褪去。进入 21 世纪，出现了一批新觉醒的单轨交通推动者和规划者，部分原因可归结于像单轨协会（The Monorail Society）这样的社团的努力。这个过程已经持续了很长时间，更多的知识共享将会使得单轨交通得到更大的发展空间。

我希望，这本书能使更多的人认识到单轨交通在各种环境下的潜力。在这本书中，通过大量珍贵的单轨照片让大家完整地了解了单轨交通的演变过程。有关单轨的故事仍在继续。为了更好地阐述这一点，接下来会在附录中列出一个规划中及在建中的单轨清单。

单轨交通是安全、快速、经济、环境友好、成熟、并且深受公众欢迎的。

单轨交通：未来的列车，现在已经到达！

▲ 设计师继续为大家设计奇特的未来单轨交通。同时，越来越多的单轨交通将成为现实

附录A　发展中的单轨

　　单轨的故事在不断地变化着。在本书出版时，有许多单轨项目正在被提出、讨论、规划和实施。像所有轨道交通的发展情况一样，下面的清单也将迅速改变。尽管如此，将那些单轨交通发展过程中的重大事件罗列出来是非常重要和有意义的。

建议并规划中的单轨：
阿雷基帕，秘鲁（Arequipa，Peru）
巴厘，印度尼西亚（Bali，Indonesia）
万隆，印度尼西亚（Bandung，Indonesia）
班加罗尔，印度（Bangalore，India）
曼谷，泰国（Bangkok，Thailand）
北京，中国（Beijing，China）
开罗，埃及（Cairo，Egypt）
金奈，印度（Chennai，India）
哥伦布，斯里兰卡（Columbo，Sri Lanka）
德令哈市，印度（Delhi，India）
汉班托特，斯里兰卡（Hambantota，Sri Lanka）
香港，中国（Hong Kong，China）
哈里休麦欧，马尔代夫（Hulhumale，Maldives）
印多尔，印度（Indor，India）
伊斯坦布尔，土耳其（Istanbul，Turkey）
雅加达机场－南丹格朗，印度尼西亚（Jakarta Airport-South Tangerang，Indonesia）
焦特布尔，印度（Jodhpur，India）
卡尔巴拉，伊拉克（Kerbala，Iraq）
高知，印度（Kochi，India）
加尔各答，印度（Kolkata，India）
拉合尔，巴基斯坦（Lahore，Pakistan）
卢萨卡，赞比亚（Lusaka，Zambia）
麦德林，哥伦比亚（Medellín，Columbia）
墨尔本，澳大利亚（Melbourne，Australia）
纳什维尔，美国（Nashville，USA）
尼泰罗伊，巴西（Niteroi，Brazil）
巴拿马城，巴拿马（Panama City，Panama）
槟城，马来西亚（Penang，Malaysia）
魁北克市，加拿大（Quebec City，Canada）
马耳他共和国（Republic of Malta）
里约热内卢，巴西（Rio de Janeiro，Brazil）
西雅图，美国（Seattle，USA）
上海，中国（Shanghai，China）
蒂鲁伯蒂，印度（Tirupati，India）
维多利亚，塞舌尔（Victoria，Seychelles）

已经签约的单轨：
阿拉伯市，阿联酋（City of Arabia，UAE）（授权麦特轨道，搁置）
马瑙斯，巴西（Manaus，Brazil）（授权史格米，搁置）
圣保罗18号线，巴西（Sao Paulo Line 18，Brazil）（授权史格米）

在建的单轨：
卡拉巴尔，尼日利亚（Calabar，Nigeria）
哈科特港，尼日利亚（Port Harcourt，Nigeria）
布城，马来西亚（Putrajaya，Malaysia）（搁置）
库姆，伊朗（Qom，Iran）
利雅得，沙特阿拉伯（Riyadh，Saudi Arabia）
圣保罗17号线，巴西（Sao Paulo Line 17，Brazil）

扩建中的单轨：
千叶，日本（Chiba，Japan）
大邱，韩国（Daegu，South Korea）
多特蒙德，德国（Dortmund，Germany）
吉隆坡，马来西亚（Kuala Lumpur，Malaysia）
拉斯韦加斯，美国（Las Vegas，USA）
那霸，冲绳（Naha，Okinawa）
棕榈岛，阿联酋（Palm Jumeirah，UAE）
大阪，日本（Osaka，Japan）
多摩，日本（Tama，Japan）
东京，日本（Tokyo，Japan）

▶ 施工中的库姆单轨 (Qom Monorail)

图片：库姆单轨

附录B 参考资料与说明

书籍

BOTZOW JR., HERMANN S D. Monorails. New York: Simmons-Boardman Publishing Corporation, 1960.

BROGGIE, MICHAEL. Walt Disney's Railroad Story. Pasadena: Pentrex, 1997.

DAY, JOHN R. More Unusual Railways. London: Frederick Muller Ltd, 1960.

ESCHMANN, JÜRGEN. Die Wuppertaler Schwebebahn. Wuppertal: Wuppertaler Stadtwerke AG, 1990.

HARVEY, DEREK G T. Monorails. New York: G.P. Putnam's Sons, 1965.

GARNER, ADRIAN S. Monorails of the 19th Century. Lydney: Lightmoor Press, 2011.

GURR, BOB. Design Just For Fun. Tujunga: APP/GurrDesign, 2012.

KRISCHER, REINHARD. Alweg-bahn. Stuttgart: Transpress Verlag, 2003.

MEIGS, JOE V. The Meigs Railway. Boston: Meigs Elevated Railway Co., 1887.

SATO, NABUYUKI. Monorail & New Urban Transit Systems, 2001.

SILVA, JULIO PINTO. Combate Dialectico de un Innovador-Tren Monoviga., 1989.

WILSON B G, DAY J R. Unusual Railways. London: Frederick Muller Ltd, 1958.

文献和论文

American Society of Mechanical Engineers. Disney Monorail System., 1986.

Bombardier Transportation. Innovia Monorail 300, 2011.

Bombardier Transportation. Innovia Monorail 200, 2011.

Bombardier Transportation. Innovia Monorail 100, 2011.

Civil Engineering-ASCE. Walt Disney World Monorail designed for smooth riding. Magazine, 1972(3).

CTS. Community Transportation Services, 1974.

CTS. Mark IV Monorail, 1979.

the Los Angeles County Board of Supervisors.' Inspection of the Disneyland-Alweg Monorail System. Disneyland Press, 1959.

'E' Ticket: 'Early Days of the Monorail.' Bob Gurr, Fall 2001

'E' Ticket: 'Walt Disney and Other Memories of the Future.' Ray Bradbury, Fall 2001

Polytechnicsches Journal, 'Entwurf einer Schwebebahn fur Berlin.' Professor M. Rudeloff, November 1905

Railway Age, 'Disneyland Extends Monorail.' August 14, 1961

Disneyland Press Release: 'Disneyland-Alweg Monorail System.' 1991

Japan Monorail Association. 'Japan Monorail Association Guide.' Brochure, 2008

Letter: Arianne Gojon (daughter of Lucien Félix Chadenson), April 30, 2001

Mechanical Engineering (USSR). 'Passenger Monorails.' V.V. Chirkin, O.S. Petrenko, A.S. Mikhailov, Y.M. Halonen, 1969

The Transportation Group, Inc. 'M VI Monorail.' Brochure, 1990

Van Nostrand's Engineering Magazine. 'A Single-rail Tramway.' Jan.-June, 1871

WED Transportation Systems, Inc. 'Mark IV Monorail.' 1982

DVD

The Monorail Society-Kim A. Pedersen/Karl Parker, 'Why Not Monorail?'

The Monorail Society-David M. Ice, Monorails of Japan. 2003

The Monorail Society-David M. Ice, Monorails of Malaysia. 2004

The Monorail Society-David M. Ice, Las Vegas Monorail. 2006

RAK Productions-Rob A. Kelly, High Tech Monorails. 2007

图片

书中所有图片都受到所列个人和／或实体的版权保护，未经版权所有者的书面许可，不得以任何方式复制或传播。署名"作者"的图片受到吉姆·A.佩德森的版权保护，未经版权所有者书面许可，不得复制或传播。未经授权的历史图片来自作者的个人收藏。本书作者已经做出了真诚的努力来确认每个图片的原始版权所有者，以保证其应有的权利。任何错误或遗漏都是无意的，如果出版社收到更新的信息，将在以后的印制中予以更正。

访谈（与作者）

Gurr，Bob; Interview at Disneyland，Anaheim，California，April 10，1999

Hoopes，Gordon W; Phone interview，February 10，2010

Laycock，LeRoy; Phone interview，July 29，2013

Roberts Jr.，George D.; Interview at Palo Alto，California，April 14，2001

Weston，T.W. Tibby; Phone interview，July 30，2013

网络文章

A Brief History of the Skyway Monorail. T.W. Weston（January 15，2008）

A Triste História dos Transportes Urbanos-Ⅲ. Adriano Murgel Branco（December 20，2009）

Are You Gonna Go WEDway?-Progress City USA. Michael Crawford（Sept. 19，2008）

The Famous Palmer Railway-An Early Nineteeth Century Wonder The New Zealand Railways Magazine，Volume 3，Issue 7（Nov. 1，1928）

The Monorail Myth: The Rest of the Story-Mouseplanet. Wade Sampson（Nov. 5，2008）

The People Moving People-Progress City USA. Michael Crawford（Aug. 10，2008）

网址

阿尔维格档案：alweg.com
美国单轨工程：theamericanmonorailproject.com
庞巴迪运输：bombardier.com
日立轨道：hitachi-rail.com
国际单轨协会：monorailex.com
日本单轨协会：nihon-monorail.or.jp
麦特轨道：metrail.com
美国的"进步城市"：progresscityusa.com
史格米集团：scomigroup.com.my
单轨协会：monorails.org
魁北克省的UbiCiT提案：design2012.umontreal.ca/din/ub1
美国国会图书馆：loc.gov
陌生的俄罗斯单轨：izmerov.narod.ru

其他

本书参考了迪士尼公司拥有知识产权的各种版权作品、商标。所有图像均从迪士尼公司以外的信用来源获得。对迪士尼商标属性的引用并不意味着本书是用于广告或其他商业目的的迪士尼产品。本书的诞生完全独立于迪士尼或其他任何公司。

索　引

内 容 简 介

这是一本由单轨协会创始人吉姆·A.佩德森先生总结的近 50 年内该领域的第一部内容系统、全面的精装专著,是对轨道交通领域感兴趣的人士必须拥有的一本"圣经"。

书中通过上千张单轨交通图片及示意图,以画册的形式,通俗易懂、生动丰富、图文并茂地向大众介绍单轨交通的起源、发展历史、建造过程及未来趋势。

全书共分为 9 章,第 1～2 章介绍了单轨交通的基础知识,以及相对于其他交通方式,单轨交通所体现的巨大优势;第 3 章介绍了单轨交通近两个世纪的发展历史;第 4 章介绍了单轨交通错失的众多发展良机;第 5～6 章介绍了单轨交通在东、西半球的运营现状;第 7 章介绍了单轨交通的施工步骤;第 8 章介绍了单轨交通的主要推动者;第 9 章介绍了单轨交通未来的发展趋势。

本书能够满足不同行业、不同知识层次的人士了解单轨交通的需要,既可作为单轨交通领域科研人员及爱好者的学习用书,也可供从事单轨交通行业的管理者和决策者参考。

北京市版权局著作权合同登记号　图字 01–2017–1760

图书在版编目(CIP)数据

单轨交通:单轨列车正向我们驶来 /(美)吉姆·A.佩德森著;魏振文,朱尔玉译.
— 北京:北京交通大学出版社,2017.5
ISBN 978-7-5121-3183-5

Ⅰ. ①单　Ⅱ. ①吉… ②魏… ③朱　Ⅲ. ①城市铁路—轨道交通—列车—研究
Ⅳ. ① U239.5

中国版本图书馆 CIP 数据核字(2017)第 067281 号

单轨交通——单轨列车正向我们驶来
MONORAILS—Trains of the Future-Now Arriving
DANGUI JIAOTONG — DANGUI LIECHE ZHENG XIANG WOMEN SHILAI

策 划 人:	章梓茂
责任编辑:	陈跃琴

出版发行:北京交通大学出版社　　　电话:010-51686414　　http://www.bjtup.com.cn
　　　　　北京市海淀区高梁桥斜街 44 号　　　　　　　　　　　邮编:100044
印 刷 者:北京艺堂印刷有限公司
经 　 销:全国新华书店
开　 　本:254 mm×254 mm　　　印张:21　　　　　　字数:525 千字
版　 　次:2017 年 5 月第 1 版　　2017 年 5 月第 1 次印刷
书　 　号:ISBN 978-7-5121-3183-5 / U·262
定　 　价:358.00 元